Zehn Hypnosen - Band 2

Zehn Hypnosen - Band 2

Suggestionstexte für Hypnotiseure

Angst und Unruhezustände

Zehn Hypnosen - Band 2
Angst und Unruhezustände

ISBN: 978-3-8391-0659-4

Herstellung und Verlag:

Books on Demand GmbH, Norderstedt

Alle Rechte liegen beim Autor

Wichtiger Hinweis

Die Inhalte dieses Buches beruhen auf den praktischen Erfahrungen des Autors mit Hypnoseanwendungen und Psychotherapie im Zustand der Trance. Obwohl sich der Autor um größtmögliche Sorgfalt bemüht hat, können Fehler oder Missverständnisse in der Darstellung nicht vollkommen ausgeschlossen werden. Die therapeutische Arbeit mit Menschen sowie die Anwendung der Hypnose obliegen ausschließlich der Verantwortung des Hypnotiseurs. Es kann nicht ausgeschlossen werden, dass Teile dieses Buches falsch verstanden werden oder die Anwendung eines vorgestellten Verfahrens eine ungewünschte Reaktion beim Klienten bewirken kann. Eine Mitverantwortung des Autors besteht auch dann nicht, wenn unter Hinweis auf die Ausführungen dieses Buches mit einem Klienten gearbeitet wird.

Inhaltsverzeichnis

Vorwort

Dieses Buch ist das zweite einer losen Reihe von Textsammlungen für Hypnotiseure und Hypnosetherapeuten. Wie der Titel verspricht, finden Sie zehn vollständige Hypnosesitzungen in Textform darin, die Sie entweder wörtlich übernehmen können, indem Sie diese mit der entsprechenden Stimmlage und Betonung vorlesen; oder Sie übernehmen die Grundlinie jeder Hypnose und ergänzen, verändern oder bearbeiten die Texte so, dass sie noch besser zu Ihnen und Ihren Klienten passen. Viele frisch ausgebildete Hypnotiseure klagen darüber, zu wenige Suggestionstexte verfügbar zu haben, und in der Tat gibt es nur sehr wenig hierzu in Büchern oder bei Ausbildungsveranstaltungen. Sicherlich lernt jeder, der mit Hypnose arbeitet, früher oder später, eigene Texte frei zu formulieren. Daran misst sich allerdings nicht die Qualität der Arbeit. Die Art des Vortragens der Suggestionen und die Überzeugungskraft des Therapeuten sind oft viel ausschlaggebender als die einzelnen Formulierungen. Dennoch zeigt meine Erfahrung, dass bestimmte Formulierungen und ein ganz bestimmter Aufbau einer Hypnosesequenz sehr stark über den Erfolg der Arbeit mit entscheiden. Ich verzichte ganz gezielt auf theoretische Ausführungen und auf Hinweise zum nonverbalen Anteil der Sitzung. Ich gehe davon aus, dass die Leserinnen und Leser dieses Buches zumindest über eine abgeschlossene Grundausbildung in Hypnose verfügen und wissen, wie die Texte eingesetzt werden können. Ich verstehe die vorliegende Textsammlung daher als Angebot, aus dem sich jede Therapeutin und jeder Therapeut für seine verschiedenen Klienten mit Angstproblemen und Unruhezuständen etwas aussuchen kann.

Ingo Michael Simon
November 2011

Hypnose 1

Tiefe Entspannung

Einleitung

Während du die Liege unter deinem Körper fühlen kannst und spürst, wie weich der Untergrund sich anfühlt, kannst du gleichzeitig das Licht hier im Raum durch die geschlossenen Augen noch leicht wahrnehmen, und du kannst die Musik hören, die im Hintergrund läuft und dabei sinkst du in eine schöne, angenehme Entspannung … … Unter deinem Kopf bemerkst du das Kopfkissen, und wenn du darauf achtest, kannst du wahrnehmen, wie dein Atem ein- und ausströmt. Dabei hebt und senkt sich dein Brustkorb, und du hörst meine Stimme laut und deutlich, wobei du immer weiter entspannst und ganz tief hinab sinkst … … Wenn du dich auf die Haut deines Gesichtes konzentrierst, kannst du ein Gefühl für die Temperatur hier im Raum entwickeln, und unter deinen Händen fühlst du die weiche Wolldecke, während du ganz tief entspannst und immer tiefer und tiefer sinkst und in eine schöne Trance gehst … … Du kannst deinen Atem spüren und ihn gleichzeitig hören, und während das geschieht, sinkst du immer tiefer hinab, wobei du alles loslässt und einfach vertraust und eine schöne tiefe Trance erreichst … … Dein Unterbewusstsein kennt den Weg in eine tiefe Trance. In deinem Tempo gleitest Du hinab, dabei entspannt sich dein Körper immer mehr, und alles fällt von dir ab, und du gelangst immer tiefer und tiefer … …

Vertiefung

Damit du dich besser entspannen kannst, helfe ich dir zunächst einmal dabei, in einen schönen körperlichen Entspannungszustand zu kommen ... ... Atme zunächst einmal in aller Ruhe ein und aus ... ... ein und aus ... ... ein und aus ... ... Und nun stell dir vor, in deinem Körper wäre eine Energiekugel ... ... eine kleine leuchtende Kugel, vielleicht so groß wie ein Tennisball ... ... Diese Kugel besteht aus purer Energie ... ... Sie leuchtet rot ... ... Sie strahlt nach allen Seiten, wie eine kleine Sonne ... ... Diese Kugel ist angenehm warm ... ... Sie schenkt deinem Körper Kraft und Energie und gleichzeitig entspannt sie ihn ... ... Die Kugel befindet sich in deinem Bauch ... ... Sie fängt an zu rotieren ... ... Sie dreht sich und dreht sich ... ... immer schneller und schneller ... ... Und dabei leuchtet sie immer kräftiger und kräftiger ... ... Wärme strömt dabei durch deinen Körper ... ... Vielleicht spürst du es schon ... ... Vielleicht aber spürst du es auch erst etwas später ... ... Und nun bewegt sich diese Kugel durch deinen Körper ... ... Sie rotiert um ihre eigene Achse und gleichzeitig rollt sie durch deinen Körper ... ... Zuerst rollt sie von deinem Bauch aus in deinen Kopf hinein ... ... Und dort dreht sie sich und schenkt deinen Gedanken Ruhe ... ... Gleichzeitig strömt diese Wärme durch deinen Kopf ... ... Und du sinkst dabei in eine schöne tiefe Entspannung ... ... Die Kugel rollt in deine rechte Schulter ... ... Und weiter in deinen rechten Arm hinein ... ... Dabei entspannen sich deine Schulter und auch dein Arm ... ... Und du gehst tiefer in eine schöne Trance ... ... Die Kugel rollt weiter über die linke Schulter in den linken Arm hinein ... ... Auch diese Seite entspannt sich ... ... Von dort aus rollt die Energiekugel zurück in deinen Bauch ... ... Dein ganzer Oberkörper wird nun von Wärme durchströmt ... ... Und du kannst dich dabei immer tiefer entspannen ... ... immer tiefer und tiefer ... ... Diese angenehme, warme Kugel aus Energie rollt nun in dein rechtes Bein ... ... bis hinunter in deinen Fuß ... ... Und mit der Entspannung deines rechten Beines und deines rechten Fußes gehst du

tiefer in diesen inneren Zustand einer wunderschönen Ruhe hinein …
… Schließlich rollt die Energiekugel auch in dein linkes Bein hinein …
… bis zum linken Fuß … … Auch diese Seite entspannt sich immer tiefer und tiefer … … tiefer und tiefer … …

Kreativer Teil

Du nutzt die Gelegenheit … … hier in der Stille und inneren Einkehr …
… etwas Gutes für dich zu tun … … freier zu werden und ganz entspannt … … Du stellst dir vor, wie du schwerelos irgendwo in deiner Fantasie umherschwebst und immer leichter wirst … … So lässt du dich treiben und lässt gleichzeitig alle Gedanken los … … es fühlt sich dann bald schon so an, als würdest du immer tiefer in dich selbst hineingezogen … … als träumtest du einen schönen Traum … … irgendwo in dir … … ganz weit weg und doch so nah … … ganz weit weg und doch so nah … …

… … Du bewegst dich so tief in deinen Gedanken und tief in deinen inneren Bildern … … dass du deinen Körper immer weniger wahrnimmst … … Dein Körper ruht ganz tief und wartet auf dich … … während du eine weite Reise in deinem Inneren unternimmst … … und ganz in dein inneres Ruhegefühl gehst .. … immer tiefer … … so tief, dass du mich nur noch von weitem hörst … … und nichts mehr wichtig sein könnte … … nur auf deine Ruhe kommt es an … … Du gibst dich ganz der inneren Ruhe und Stille hin … … Schritt für Schritt ignorierst du deinen Körper … … und spürst nur noch deine inneren Gefühle … … und deine Gedanken der Ruhe und Gelassenheit … … Jetzt wird alles ruhiger … … Jetzt wird alles ruhiger … … mit jedem Atemzug … … immer ruhiger … … mit jedem Atemzug immer ruhiger … …

… … Wenn du willst, kannst du so tief in dir selbst versinken … … dass du denkst, weiter weg kann es nicht mehr gehen … … und dennoch treibt es dich immer weiter fort … … Und mit jedem Atemzug gehst du tiefer in die Welt der Gelassenheit und Ruhe ... ... Gelassenheit und Ruhe ... ... Gelassenheit und Ruhe ... ...

Anstrengung und Sorgen sind weit weg ... ... Du ignorierst alle Gedanken und Pläne ... ... nur auf deine Entspannung kommt es an ... ... nur auf deine immer tiefere innere Ruhe und Gelassenheit ... ... Ruhe und Gelassenheit ... ...

Du spürst, dass Angst hier fast unmöglich ist ... ... nur Ruhe kann hier sein ... ... und Gelassenheit ... ... und Freiheit ... ... nur Ruhe ... ... und Gelassenheit ... ... und Freiheit ... ... So gönnst du dir einen schönen Augenblick der Freiheit ... ... und lässt dieses Gefühl immer intensiver werden ... ... Die Freiheit dehnt sich aus wie das Universum ... ... Sie wird immer größer ... ... Du genießt das Gefühl der Entspannung und Ruhe und das Gefühl der Freiheit ... ...

Du wirst immer leichter ... ... Du spürst diese innere Leichtigkeit ... ... wie eine Feder im Wind ... ... Du schwebst ohne Körper durch Raum und Zeit ... ... vollkommen grenzenlos und frei ... ... grenzenlos und frei ... ... Mit jedem Augenblick der tieferen Entspannung entfernst du dich von Angst und Sorgen ... ... von Unruhe und Nervosität ... ... und wirst ruhiger ... ... gelassener ... ... und freier ... ...

... ... Nun lass all das für dich wirken ... ... gib deinem Inneren Zeit, die Freiheit ganz tief zu spüren und fest zu verankern ... ... Erlaube deinem Körper zu lernen wie das geht ... ... immer wieder diesen inneren Frieden zu finden ... ... immer wieder frei zu sein und gelassen ... ... Jetzt, mit geschlossenen Augen ist alles Schwierige so fern und in dir ist es ruhig ... ... So kann es an jedem Tag sein, wenn du es willst ... ... dein Inneres hilft dir dabei und unterstützt dich ... ... dein ganzer Organismus stellt sich immer mehr darauf ein, dich jeden Tag zu befreien und ruhig sein zu lassen ... ... Du überlegst dir, wie es sein wird, wenn dein Inneres immer dann eine schnelle und tiefe Entspannung herstellt, wenn du die Augen schließt und tief ein- und ausatmest ... ...

Posthypnotischer Auftrag

... ... Und weil du darüber nachdenkst unterstützt dich dein Unterbewusstsein tatsächlich sofort dabei, genau das zu lernen ... ... ganz von selbst und ganz einfach ... ... damit du sofort zur Ruhe kommst, wenn du die Augen schließt und tief ein- und ausatmest ... ...

... ... So erinnerst du dich noch einmal daran, wie du dich zu Beginn der Trance hingesetzt/hingelegt hast und die Augen geschlossen hast und ganz schnell zur Ruhe gekommen bist ... ... Und jetzt atmest du tief ein ... ... und aus ... ... noch einmal ... ... ein ... ... und aus ... ... Dein Inneres stellt sich auf diese Ruhe ein ... ... Augen schließen, einatmen und ausatmen ... ... bedeutet Ruhe und Frieden spüren ... ... so wie jetzt ... ... genauso wie jetzt ... ... noch einmal atmest du ein ... ... und aus ... ... und spürst Ruhe und Frieden ... ... ein und aus ... ... Ruhe und Frieden ... ... ein und aus ... ... Ruhe und Frieden ... so wie jetzt ... ... an jedem Tag ... ... so wie jetzt ... ... an jedem Tag in deinem Leben ... ... Immer, wenn du dich entspannen möchtest und Ruhe finden willst, schließt du einfach kurz die Augen und sagst ... ... Ich atme ein und atme aus und finde Ruhe ... ... Du sagst es im Rhythmus deiner Atmung ... ... Du probierst es jetzt einmal aus ... ...

... ... [Im Atemrhythmus des Klienten sprechen] ... ... Ich atme ein und atme aus und finde Ruhe ... ... Ich atme ein und atme aus und finde Ruhe ... ... Ich atme ein und atme aus und finde Ruhe ... ... genau so ... ...

... ... Nun kannst du die Ruhe noch etwas genießen ... ... den Zustand der Leichtigkeit und Freiheit auskosten und immer tiefer in dir verankern ... ... genieße diesen Augenblick so intensiv wie möglich ... ...

Ausleitung

Nun ist es an der Zeit, zurückzukehren ... ... langsam wieder wacher zu werden ... ... Schritt für Schritt ... ... Deine Sinne orientieren sich wieder mehr hier im Raum ... ... Ich zähle für dich bis fünf ... ... dann kannst du die Augen wieder öffnen ... ... Bei Eins fühlst du deinen Kör-

per deutlich und machst dir klar, dass du am Wachwerden bist ... ...
Bei Zwei spürst du vielleicht schon das Bedürfnis, dich wieder zu bewegen ... ... Bei Drei atmest du tief ein und wirst dabei wacher und
wacher ... ... Du spürst, dass dein Kreislauf stabil ist und du wach
wirst ... ... Bei Vier hörst du meine Stimme schon lauter ... ... und bei
Fünf öffnest du die Augen und bist wach ... ...

Hypnose 2

Angst zerplatzt wie Seifenblasen

Einleitung

Schließe deine Augen und mach es dir bequem … … Gönne dir zunächst etwas Ruhe … … Und dann stell dir eine schöne Blume vor, die schönste, die du dir vorstellen kannst. Stell sie dir genau vor und richte deinen inneren Blick direkt auf diese Blume … … vielleicht deine Lieblingsblume … … vielleicht auch eine Blume, die es gar nicht gibt … … Wähle eine Farbe dafür … … Und dann schau immer auf diese Blume … … Nur das ist jetzt wichtig … … Du schaust immer auf diese Blume … … direkt auf diese Blume … … und dabei dreht sich dein Blick nach innen … … und du kommst zur Ruhe … … und Schritt für Schritt kannst du entspannen … … einfach, indem du auf diese Blume schaust … … immer nur auf diese eine Blume … … Dein Blick dreht sich immer mehr nach innen … … und du kommst immer mehr zur Ruhe … … … … vielleicht spürst du schon die Entspannung … … Sie breitet sich langsam in dir aus … … und du richtest deinen Blick immer noch auf diese eine Blume … … Du siehst die Blütenblätter … … Du erkennst die Farbe … … Wenn du es willst, kannst du nun Schritt für Schritt in eine schöne innere Ruhe gehen … … immer tiefer und tiefer … … so tief, wie du willst … … Und um nun noch tiefer in die Entspannung zu gehen, kannst du das Bild der Blume ausblenden … …

Vertiefung

Ich zähle nun von Fünf bis Null und wenn ich bei Null angekommen bin, dann bist du bereits in einer sehr tiefen Trance angelangt …

… Fünf … … Beobachte deine Atmung und lasse sie ruhig und langsam werden, sodass es sich gut anfühlt. Mit jedem Einatmen kannst du Sauerstoff aufnehmen und Energie tanken, und immer wenn du ausatmest, sinkst du tiefer in Trance, mit jedem einzelnen Atemzug ein Stück tiefer. Atme ein und aus, ein und aus … *[im Atemrhythmus des Klienten bitte!]* … …

… … Vier … … Lass deine Gedanken kommen und gehen. Lass Sie einfach weiterziehen wie die Wolken am Himmel, und jeder Gedanke, der vorüberzieht, bringt dich tiefer in Trance, jeder einzelne Gedanke bringt dich tiefer hinab. Lass deine Gedanken kommen und gehen … …

… … Drei … Konzentriere dich auf meine Stimme und jedes Wort, das ich sage, bringt dich tiefer in Trance. Mit jedem einzelnen Wort, das ich sage, sinkst du tiefer hinab. Jedes Geräusch, das du hörst, zeigt dir nur, wie gleichgültig alles bereits geworden ist. Vielleicht merkst du schon, dass die Musik leiser geworden ist, dabei sinkst du einfach tiefer in eine schöne Trance … …

… … Zwei … Öffne dein Unterbewusstsein nun ganz weit, ganz, ganz weit öffnet sich nun dein Unterbewusstsein. Es kann alle meine Worte gut aufnehmen und setzt sie optimal für dich um. Ganz weit öffnet sich dein Unterbewusstsein … …

… … Eins … Atme weiter ruhig und gleichmäßig, mit jedem Atemzug sinkst du tiefer hinab, und alle meine Worte bringen dich tiefer und tiefer in Trance. Dein Unterbewusstsein öffnet sich ganz weit und alle meine Worte fließen dort hinein. Und noch ein Schritt, dann bist du ganz tief entspannt, nur noch ein Schritt … …

… … Null … Nun bist du in einer schönen tiefen Trance angekommen, ganz tief entspannt, und in deinem Tempo entspannst du immer weiter und sinkst immer tiefer hinab …

Kreativer Teil

Wir beschäftigen und heute mit deiner Angst ... ... und du kennst dieses Gefühl sehr gut ... ... Du weißt wie sich das anfühlt, wenn die Angst kommt ... ... Dann würdest du am liebsten fliehen, doch das geht nicht ... ... Jetzt im Zustand der Ruhe kannst du in Ruhe und Gelassenheit über deine Angst nachdenken ... ... vielleicht sind diese Gedanken unbequem und dennoch ist es möglich ... ... Angst ist jetzt weit weg ... ... Du kannst dich an angstvolle Situationen erinnern ... ... so als könntest du Schlagzeilen deiner Angst lesen und ruhig dabei bleiben ... ... weil du jetzt eben in vollkommener Sicherheit bist ... ... und entspannt ... ... und wenn du noch tiefer entspannen möchtest ... ... wenn es noch ruhiger werden soll ... ... dann kommst du noch tiefer zur Ruhe ... ... ganz von alleine ... ... indem du dich auf meine Stimme konzentrierst ... ... und loslässt ... ...

... ... Oft schon hast du gegen die Angst gekämpft und versucht sie loszulassen ... ... manchmal ist es zum Teil gelungen ... ... Du willst den Durchbruch ... ... Du willst frei sein für immer ... ... frei für immer ... ... Du überlegst dir wie es sein kann, wenn du deine Angst einfach einsammelst und auflöst ... ... du überlegst, wie du das schaffst ... ... Ich zeige dir einen Weg ... ... folge mir einfach mit deinen Gedanken ... ...

Stell dir einmal das Innere deines Kopfes vor ... ... stell es dir vor wie einen Raum, in dem deine Gedanken wohnen ... ... und auch deine Angst ... ... Du kennst die kreisenden Gedanken um die Angst ... ... Du denkst darüber nach, dass Angst oft ganz normal ist ... ... Du denkst darüber nach, dass das, was du als Angst erlebst, eigentlich bohrende Gedanken sind ... ... Gedanken, die sich mit Sorgen und Problemen beschäftigen ... ... Gedanken, die das Unheil vermuten ... ... und doch sind es vor allem Gedanken ... ... Du überlegst dir also, dass du deine Gedanken vielleicht ändern kannst ... ... oder dass du sie irgendwie loslassen kannst ... ...

... ... Das Innere deines Kopfes stellst du dir also wie einen großen Raum vor, in dem alle deine Gedanken sind ... ... die Angstgedanken ... ... aber auch die guten und helfenden Gedanken ... ... die Gedanken an Freiheit und Frieden ... ...

... ... So stellst du dir also einmal vor ... ... alle Gedanken wären kleine Kügelchen, die in deinem Kopf umherwandern ... ... Sie rollen von links nach rechts und zurück ... ... und weil sie so leicht sind wie kleinen Kugeln aus Styropor ... ... schweben sie schließlich in deinem Kopf hin und her ... ... gehen oft durcheinander ... ... stoßen sich gegenseitig an ... ... Jedes Thema hat eine eigene Farbe ... ... Zwischen all den farbigen Gedankenkügelchen gibt es deine Angstgedanken in deiner Angstfarbe ... ... Du findest die richtige Farbe deiner Angst ... .. sie zeigt sich von selbst oder kommt dir in den Sinn ... ... vielleicht ist es gelb ... ... oder rot ... ... oder blau ... ... oder eine andere Farbe ... ... Du findest die richtige ... ... Überall zwischen den vielen Gedanken ... ... zwischen den konstruktiven und kreativen Gedanken .... fliegen auch deine Angstgedanken in deiner Angstfarbe hin und her ... ...

... ... Dann stellst du dir vor, wie dein Atem bis in deinen Kopf strömt ... ... Der Wind deines Atems füllt deinen Kopf und durchströmt deine Gedanken ... ... beim Einatmen füllt sich dein Kopf mit der Atemluft und beim Ausatmen strömt sie wieder nach draußen ... ... Wie ein Magnet zieht die Luft die farbigen Angstgedanken an ... ... mit jedem Atemzug werden die farbigen Angstgedanken ... ... diese kleinen leichten Kügelchen in deinem Kopf angezogen und schließlich ausgeatmet ... ... So atmest du deine eigenen Gedanken der Angst aus ... ... mit jedem Atemzug ... ... Du atmest deine angstvollen Gedanken einfach aus ... ... und dabei wird es leichter in dir ... ... Du fühlst die Befreiung mit jedem Atemzug ... ... Die kleinen Gedankenkügelchen fliegen mit dem Wind deines Atems aus deiner Nase ... ... und schweben im Raum umher ... ... Du atmest die Angstgedanken aus und sie fliegen als kleine Kugeln durch den Raum ... ... federleicht ... ...

... ... Du beobachtest die farbigen Gedankenkugeln im Raum ... ... sie dehnen sich aus wie Seifenblasen ... ... farbige Seifenblasen, die immer größer und dünner werden ... ... immer blasser ... ... Du atmest deine Angstgedanken immer weiter aus ... ... Du sammelst alle angstvollen Gedanken ein und atmest sie aus ... ... sie fliegen als kleine Kugeln durch den Raum und dehnen sich aus ... ... sie werden dünner und blasser ... ... und eine nach der anderen zerplatzt ... ...

... ... Angst zerplatzt wie Seifenblasen ... ... Angst zerplatzt wie Seifenblasen ... ... Du stellst dich in deiner tiefen Fantasie und Kreativität neben dich selbst und siehst dabei zu ... ... Du siehst, wie du selbst da sitzt/liegst und farbige Angstgedanken ausatmest ... ... sie dehnen sich aus wie Seifenblasen und ein Gedanke nach dem anderen zerplatzt ... ... Wenn du willst, kannst du sie selbst mit deinen Fingerspitzen zum Zerplatzen bringen ... ... dann befreist du dich noch schneller ... ... noch schneller lässt du dann die Angst los ... ... noch schneller lässt du dann die Angst los ... ...

... ... Gleichzeitig wird es ruhiger in dir ... ... das Gefühl der Freiheit wird stärker ... ... und das Gefühl der Macht ... ... Du hast die Macht ... ... Du hast die Macht ... ... Du befreist dich jetzt und hier von ganz vielen Gedanken der Angst ... ... Du sammelst sie mit der Atemluft ein ... ... auch die Erinnerungen an Angstsituationen ... ... und die Angst vor der nächsten Angst ... ... dieses Warten auf Angst sammelst du ein ... ... all diese Gedanken tragen die gleiche Farbe ... ... daher findest du sie auch so gut in deinem Kopf und kannst sie jetzt einsammeln ... ... und ausatmen ... ... Angst einsammeln und ausatmen ... ... Überall fliegen die Angstgedanken wie Seifenblasen durch den Raum ... ... ein Gedanke nach dem anderen zerplatzt ... ... du wirst freier und leichter ... ... freier und leichter ... ...

... ... Von Augenblick zu Augenblick werden es weniger Seifenblasen ... ... und immer weniger Angstgedanken ... ... alle zerplatzen ... ... bis du nur noch ganz wenige Seifenblasen im Raum beobachten kannst ... ...

die immer blasser und unscheinbarer werden ... ... immer dünner und farbloser ... ... bis schließlich alle zerplatzt sind ... ...

... ... Du schaust dich um und siehst, wie die letzten Seifenblasen deiner Angstgedanken sich auflösen ... ... dann spürst du ganz tief in dich hinein ... ... achtest auf dein Gefühl der Freiheit und Leichtigkeit in diesem Moment ... ...

Posthypnotischer Auftrag

Du überlegst dir, wie du es schaffst, jeden Tag deine Angst einfach loszulassen, indem du sie ausatmest ... ... Vielleicht ist es ja möglich, dass deine Atemluft immer diese Fähigkeit hat ... ... Dein Körper bräuchte vielleicht nur ein Signal, dass jetzt die besondere Atmung kommt ... ... bis er es dann ganz von alleine macht ... ... Erlaube dir also eine Zeit des Einübens und Trainierens ... ... Hierzu atmest du jetzt ein ... ... und langsam und lange aus ... ... noch einmal ein und langsam und lange aus ... ... Für dein Körper soll das das Signal sein, dass die besondere Atmung beginnen darf ... ... die Atmung mit der magnetisierten Luft, die deine Angstgedanken anzieht und nach draußen bringt ... ...

... ... Immer wenn du ein aufkommendes Angstgefühl oder einen Gedanken der Unruhe loslassen möchtest, schließt du kurz die Augen und atmest ein und ganz langsam und so lange wie möglich aus ... ... Dein tiefes Inneres weiß, dass genau dann alle Angstgedanken gefunden werden und auszuatmen sind ... ... So nimmst du dir jetzt und hier vor, an jedem Tag ein wenig zu üben ... ... ob nun mit oder ohne Angst ... ... du trainierst deine Atmung ... ...

Ausleitung

Nun ist es Zeit, die Bilder und Eindrücke langsam wieder auszublenden … … das Vergangene der Vergangenheit zu übergeben … … und wieder hierher zurück zu kommen … … an den heutigen Tag … … hier in diesem Raum … … Ich werde dich gleich aufwecken und dazu werde ich bis sieben zählen. Und wenn ich bei sieben angekommen bin, dann bist du vollkommen wach … … vollkommen wach und gut erholt … … Sobald ich bei sieben ankomme, bist du vollkommen wach …… Eins … … Dein Puls beschleunigt sich und nimmt wieder deine normalen Wachwerte an … … Zwei … … Dein Kreislauf ist stabil, du fühlst dich vollkommen wohl …… Drei … … Deine Atmung kommt zurück auf dein normales Wachniveau und du spürst, dass du nun zurückkommst … … Vier … … Dein Körper fühlt sich normal und gut an, du hast die volle Kontrolle über deinen Körper… … Fünf … … Du wirst wacher und wacher … … Sechs … … Meine Stimme wird lauter, und du spürst, dass du gleich vollkommen wach bist … … Sieben … Wach auf und öffne die Augen!

Hypnose 3

Der Spiegel des Erfolges

Einleitung

Schließe die Augen und mach es dir nun bequem … … Finde die richtige Position, sodass du denkst, bequemer könntest du nicht liegen … … Und nun stell dir einmal vor, du siehst eine Sanduhr … … Die Sanduhr ist mit weißem Sand gefüllt … … Und der Hintergrund ist schwarz … … Der Sand befindet sich in der oberen Hälfte der Sanduhr … … Und langsam … … ganz langsam … … beginnt der Sand zu rieseln … … Dieser weiße … … feine Sand … … rieselt ganz langsam von oben nach unten … … von der oberen Hälfte der Sanduhr ganz langsam in die untere Hälfte der Sanduhr … … Ein ganz feiner … … weißer Sand … … rieselt durch diese Sanduhr … …Und du schaust es dir an … … Dein Blick dreht sich dabei nach innen … … immer weiter nach innen … … Und mit jedem Sandkörnchen, das langsam von oben nach unten fällt … … entspannst du dich ein bisschen tiefer … … Mit jedem Sandkörnchen kannst du etwas loslassen … … mit jedem einzelnen Sandkörnchen … … Schau immer auf diese Sanduhr … … Feiner, weißer Sand vor einem schwarzen Hintergrund … … Er rieselt und rieselt … … und rieselt … … Ganz leise und ganz sanft … … rieselt der Sand durch die Sanduhr … … von oben nach unten … … Und immer mehr von dem feinen, weißen Sand sammelt sich am Boden der Sanduhr … … Alles rieselt von oben nach unten … … und dein Blick dreht sich immer weiter nach innen … …

Vertiefung

Stell dir nun einmal eine schöne, breite Treppe vor, die ganz tief hinab führt … … Und das Ende der Treppe liegt so tief unten, dass wir es nicht sehen können … … Die Treppe führt sehr … … sehr tief hinab … … Wir beide werden nun diese Treppe hinuntergehen … … Ich bin die ganze Zeit über bei dir … … Wir geben uns die Hände, so können wir ganz sicher nach unten gehen. … … ganz tief hinab auf der Treppe, die nach unten führt … … und irgendwo im Dunkeln endet … … Wir gehen nun gemeinsam los … … Stufe für Stufe … … immer tiefer hinab … … Und mit jedem Schritt … … mit jeder Stufe, die uns tiefer bringt … … wird es etwas dunkler … … und immer stiller … … Und wir beide fühlen uns absolut sicher … … und wohl … … Mit jedem Schritt hinab … … stellt sich ein leichteres und angenehmeres Gefühl ein … … Immer tiefer gehen wir hinab … … Stufe für Stufe … … immer tiefer … … und tiefer … … Mit jeder Stufe, die wir nach unten gehen, kannst du etwas loslassen … … Wir gehen tiefer, und du lässt alle Anforderungen und Pflichten des Tages los … … Wir gehen tiefer, und du lässt alle Gedanken und Überlegungen los … … Und es wird langsam immer dunkler … … und immer ruhiger … … und stiller … … Wir gehen tiefer, und du entspannst dabei alle Muskeln deines Körpers … … Stufe für Stufe … … Wir gehen tiefer und dein ganzer Körper kommt zur Ruhe … … Immer dunkler wird es, je weiter wir gehen … … Wir gehen tiefer, und du lässt alle Ziele und jeden Erfolgsdruck los … … Du musst jetzt nichts leisten … … Wir gehen tiefer, und du spürst die Befreiung von Druck und Last … … Es wird immer leichter und ruhiger … … Stufe für Stufe führt es uns hinab … … Bis ganz nach unten … … Ganz unten … … in stiller und ganz angenehmer Dunkelheit … … kommen wir schon bald an … … Wir gehen tiefer und kommen deiner eigenen Mitte immer näher … … deinen tiefen Gedanken … … deinen tiefen Gefühlen … … und vor allem deiner Kreativität und Fantasie … … Stufe für Stufe gehen wir nach unten … … Es ist angenehm und warm hier

… … still und ruhig … … Einige Stufen noch … … noch wenige Augenblicke … … dann sind wir ganz unten angekommen … … Es ist ganz angenehm und bequem hier … … ganz bequem und ruhig … … Du kannst dich wohl fühlen in dieser Dunkelheit und Stille … … Du bist tief in dir selbst … … Hier bist du in absoluter Sicherheit … … Es geht dir gut … …

Kreativer Teil
Du hast erkannt, dass es an der Zeit ist, deiner Angst zu begegnen und einen neuen konstruktiven Umgang damit zu finden … … So oft schon hast du dir überlegt, wie das gehen kann … … wie du den Ausweg aus der Angst am schnellsten finden kannst … … und wie du unbeschwert und frei mit ihr umgehen kannst … … Also beschließt du hier und heute, genau jetzt in diesem Moment einen kreativen Umgang mit dem Thema der Angst zu finden … … Du kennst deine Ängste gut … … Du weißt, wie sie sich anfühlen … …
… … Du stellst dich auf eine innere Reise ein … … eine Reise, die dich durch Raum und Zeit führt … … weit weg und doch so nah … … eine ruhige Reise zu deiner Angst … … vielleicht fragst du dich, wie das gehen kann … … Dann machst du dir klar, dass wir bereits über deine Angst sprechen … … dass du also schon sehr nah an ihr dran bist und dich gleichzeitig viel ruhiger fühlen kannst als sonst … … jetzt im Zustand der Entspannung … … So ist es hier und heute möglich, deiner Angst zu begegnen und dennoch ruhig zu sein … … und wenn das heute geht, kann es an jedem anderen Tag in deinem Leben auch gehen … … so wie jetzt … … genau so wie jetzt … …
… … Ein Teil von dir geht auf Reisen … … mit dem nächsten Atemzug verlässt dieser Teil deinen Körper … … genau jetzt … … und schwebt durch Raum und Zeit … … gleichzeitig bleibst du immer verbunden mit dir selbst … … Du bist in völliger Sicherheit, hier in diesem Raum … … und gleichzeitig unterwegs … … Du schwebst durch einen Nebel und

lässt dich einfach treiben ... ... ganz frei und entspannt ... ... stellst du dich mit Neugierde darauf ein ... ... dich einfach treiben zu lassen und von selbst einen guten Weg zu finden, deine Angst loszulassen ... ... Ganz schwerelos schwebst du durch Raum und Zeit ... ... federleicht und nur vom Wind getragen ... ... angenehm und sanft ... ... und du genießt diesen Zustand ... ... wie ein Vogel hoch in der Luft, so frei fühlst du dich nun ... ...

... ... Dann spürst du Boden unter deinen Füßen und stehst ganz aufrecht ... ... Du blickst nach unten und kannst erkennen, dass du auf einem gläsernen Boden stehst ... ... Um dich herum ist überall ein warmes, angenehmes Licht .... auch unter dem gläsernen Boden siehst du nur dieses angenehme Licht ... ... Der Nebel lichtet sich und es wird heller ... ... Da bemerkst du, dass du direkt vor einem Spiegel stehst ... ... ein Spiegel mit einem silbernen Rahmen ... ... Du schaust in den Spiegel ... ... und plötzlich beginnen Bilder und Szenen in diesem Spiegel zu laufen wie auf einer Leinwand ... ... Du siehst lauter Erlebnisse und Ereignisse aus deinem Leben ... ... du kannst sie im Spiegel beobachten wie ein Zuschauer in einem Theater oder in einem Kino ... ... und alle Szenen, die du sehen kannst, haben mit deiner Angst zu tun ... ... Viele Bilder würdest du vielleicht nicht mit ihr in Verbindung bringen ... ... doch alles, was in deinem Leben geschehen ist, kann dazu beigetragen haben, dass deine Angst entstanden ist ... ...

... ... So siehst du zuerst Bilder aus deiner Kindheit ... ... Erinnerungen kommen in dir auf ... ... vor allem solche, die dir Ereignisse zeigen, die zu deiner Angst beigetragen haben ... ... Heute sehen diese Ereignisse vielleicht harmlos aus ... ... einige sind möglicherweise sogar auf den ersten Blick ganz angenehm ... ... doch alles, was jetzt in deinen Blick kommt, hatte einen Anteil an der Entwicklung deiner Angst ... ... In aller Ruhe und umgeben von dem angenehmen Licht schaust du dir deine eigenen Erinnerungen an ... ... Einst hattest du gelernt, aus alldem Unsicherheit und Angst zu entwickeln ... ... doch heute lernst du ganz von selbst ... ... aus den gleichen Ereignissen Mut zu schöpfen ... ... und Stärke ... ... Du siehst Bilder aus deiner Schulzeit ... ... vielleicht sogar Erinnerungen, die schon ganz weit weg waren ... ... und jetzt wieder nahe sind ... ... damit du aus ihnen schöpfen kannst ... ... Dann kommen Bilder aus deiner Jugendzeit ... ... auch zu dieser Zeit hattest du viele Erlebnisse, die dich in Aufregung versetzt haben ... ... in eine innere Unruhe, doch jetzt ist es anders ... ... Du kannst all das betrachten und dabei ruhig bleiben ... ... ganz ruhig und gelassen ... ... Lass einfach diese Bilder für dich wirken ... ... und diese Erinnerungen ... ... Gedanken und Gefühle der Vergangenheit ... ... Heute lernst du aus ihnen, stark und unabhängig zu sein ... ... Schließlich siehst du auch Erlebnisse aus deinem Erwachsenenleben ... ... und vielleicht sogar Bilder und Ereignisse aus der jüngsten Vergangenheit ... ...

... ... Und all diese Eindrücke verblassen langsam in diesem Spiegel ... ... werden vom Wind der Zeit davongetragen in die Vergangenheit ... ... denn dort gehören sie hin ... ... Dann strahlt das schöne Licht um dich herum immer deutlicher und heller ... ... Du siehst plötzlich in diesem Spiegel Bilder der Zukunft ... ... deiner eigenen Zukunft ... ... Du siehst dich selbst, wie du befreit von Angst ... ... stark und souverän deinen Weg gehst ... ... Du siehst wie schön das ist und wie angenehm ... ... Du siehst, wie du deine Wünsche und Pläne verfolgst ... ... gerade diejenigen, die bei deiner Unsicherheit und Angst auf der Strecke geblieben sind ... ... Du beobachtest dich selbst auf deinem Erfolgsweg ... ... Du siehst gelöster aus ... ... glücklicher und freier ... ... Du beobachtest in diesem Spiegel, was du tun wirst, sobald die Unsicherheit ganz aufgelöst ist ... ... so wie jetzt ... ... Jetzt, in diesem ruhigen und guten Gefühl kannst du dir alles erträumen und alles erreichen, was du willst ... ... Du entwirfst also Bilder und Ideen von dem, was du schon bald erreichst ... ... und siehst es im Spiegel ... ... in deinem Spiegel des Erfolges ... ... Du machst dir klar, dass dieser Spiegel tief in dir drin ist ... ... Du bist in der Welt deiner eigenen Gefühle und Gedanken ... ... und alles hier kann

Wahrheit sein … … heute und an jedem Tag in deinem Leben … … Wenn heute schon der richtige Tag ist, dann lässt du heute schon die Unsicherheit los und gehst jetzt auf deinen Erfolgsweg … … wenn heute noch nicht der richtige Tag ist, kannst du es an jedem anderen Tag in deinem Leben machen … … Du musst es ja nicht … … Du darfst dich befreien und du kannst dich befreien … … jeden Tag … …

Posthypnotischer Auftrag

Jeden Tag, wenn du zu Hause in den Spiegel schaust, wird es genauso sein … … Jeder Spiegel, in den du blickst, kann dein Erfolgsspiegel sein … … Du schaust hinein und tief in dir entsteht ein Bild deiner Freiheit und deines Erfolges … … ganz von selbst lässt du dann die Angst los … … und wirst frei und stark … … mit jedem Blick in einen Spiegel entsteht dein inneres Erfolgsbild, und du spürst die Freiheit und Leichtigkeit … … immer, wen du in den Spiegel schaust, spürst du einen Teil der Ruhe, die du auch jetzt spürst … … So nimmst du dir vor, jeden Morgen nach dem Aufstehen intensiv in einen Spiegel zu schauen und damit deine Unsicherheit loszulassen … … dich frei und stark zu fühlen … …

Ausleitung

Nun ist es wieder an der Zeit, zurückzukehren … … langsam wieder wacher zu werden … … Schritt für Schritt … … Aus der Tiefe deines Inneren, aus deiner Mitte heraus kehren wir nun zurück an die Oberfläche des heutigen Tages … … Wir gehen die Treppe nun wieder nach oben, und es wird dabei heller und heller … … Stufe für Stufe gehen wir wieder nach oben, und du wirst dabei wieder wacher und wacher … … Mit jeder Stufe nach oben nimmt deine Aktivität zu … … und dein Bedürfnis, wach zu werden und dich wieder zu bewegen … … Wir kommen immer weiter nach oben und es wird heller und heller … … Die Geräusche der Umgebung werden dabei schrittweise lauter und lauter … … Die Musik und meine Stimme werden lauter und deutlicher

… … Du kommst Schritt für Schritt zurück … … Wir gehen nach oben … … Die letzten Stufen zähle ich für dich … … Wir gehen nun die letzten fünf Stufen nach oben … … Wenn wir auf der obersten Stufe angekommen sind, bei fünf, öffnest du die Augen … … Eins … … Du wirst wacher und wacher … … Zwei … … Du fühlst dich gut erholt und topfit … … Drei … … Gleich sind wir oben und du bist wach … … Vier … … Noch ein Schritt und du bist vollkommen wach … … Fünf … … Öffne die Augen, du bist wach … …

Hypnose 4

Die Angst loslassen

Einleitung

Finde zunächst einmal die richtige Position ... ... Mach es dir so richtig bequem ... ... Gönne dir diese Gemütlichkeit ... ... Dann schließe einfach deine Augen ... ... So wird es dann noch viel bequemer ... ... Und nun achte auf deine Atmung ... ... Atme ruhig und gleichmäßig ... ... Und komm dabei zur Ruhe ... ... Vielleicht weißt du ja, dass deine ruhige Atmung zur Entspannung führt ... ... Wenn du also in aller Ruhe weiter atmest ... ... kommst du auch automatisch in eine schöne innere Ruhe ... ... Du atmest ein und aus ... ... ein und aus ... ... Immer wenn du ein atmest, nimmst du Sauerstoff und Energie auf ... ... Und immer wenn du aus atmest, entspannst du tiefer ... ... und kannst dabei etwas loslassen ... ... Mit jedem Atemzug kannst du etwas loslassen ... ... mit jedem einzelnen Atemzug ... ... Du atmest aus und lässt dabei alle Pflichten los ... ... Du atmest aus und lässt dabei alle Gedanken los ... ... Du atmest aus und lässt dabei alle Ziele los ... ... Du atmest aus und kommst dabei zur Ruhe ... ... Und mit jedem Atemzug kannst du mehr entspannen ... ... immer tiefer und tiefer ... ... so tief wie du es willst ... ... Und langsam gleitest du hinab ... ... In einen Zustand der Ruhe, die immer angenehmer und angenehmer wird ... ... vielleicht merkst du schon das es ruhiger in dir wird ... ... lass einfach los und lass es noch ruhiger werden ... ... in aller Ruhe ... ... in deiner Geschwindigkeit ... ... in deinem Tempo ... ...

Vertiefung

Setz dich ganz bequem hin und stell dir vor, du wärst in einem Zugabteil, ganz alleine … … Niemand außer dir ist in diesem Zug, der ganz still im Bahnhof steht … … Die Fenster sind geschlossen und es ist sehr leise in deinem Abteil … … Du kannst nur wenig hören von den Fahrgästen, die noch draußen stehen … … So kannst du zur Ruhe kommen und dich einfach in deinem bequemen Sitz zurücklehnen … … Gleich wird die Fahrt beginnen … … eine Fahrt mit dem Zug durch die Nacht … … Ein sanftes Rucken setzt den Zug in Bewegung und die Fahrt beginnt … … ganz langsam … … in ruhigem und gelassenem Tempo … … gleitet der Zug fast geräuschlos aus dem Bahnhof … … Und als der Zug den Bahnhof verlässt, wird das Licht im Abteil immer dunkler und dunkler … … gerade noch so, dass du dich orientieren kannst … …

… … Die Dunkelheit ist auch viel angenehmer auf so einer nächtlichen Fahrt … … Wenn du möchtest, kannst du aus dem Fenster schauen … … Da siehst du die Lichter der Stadt … … bunte Reklameschilder und Straßenlaternen … … die Lichter der Häuser … … und alles ist ganz still … … Manche Lichter gehen an und aus … … andere leuchten kräftig … … und wieder andere leuchten ganz schwach … … Der Zug nähert sich mit jedem Augenblick dem Stadtrand … … und dabei wird es immer dunkler … … Immer mehr Lampen werden ausgeschaltet … … Es wird immer dunkler und dunkler … … und gleichzeitig immer stiller … … Die letzten Häuser der Stadt liegen schon ganz im Dunkeln … … Sicherlich sind die Menschen, die darin wohnen, schon schlafen gegangen und liegen längst sanft in ihren Träumen … … Der Zug gleitet über die Schienen … … ganz sicher in das Dunkel der Nacht hinein … … Ein sanftes Schaukeln kannst du spüren … … ein gleichmäßiges, ganz minimales Vibrieren der Räder auf den Gleisen … … Und die Fahrt in die Nacht hinein wird immer schneller und schneller … … Die Stadt liegt längst hinter dir … … weit zurück … … Schneller und schneller geht die Fahrt in die Nacht hinein und es wird immer dunkler und immer ruhiger in deinem Abteil … … So ruhig, dass sich schon bald eine angenehme und erholsame Müdigkeit in dir einstellt … …

Kreativer Teil

Du willst dich heute von deiner Angst befreien … … sie für immer loslassen … … und das Leben in Freiheit genießen … … Heute ist der richtige Tag, einen großen Schritt zu gehen … … und nun die Angst loszulassen … … Du denkst darüber nach, wie leicht und unbeschwert dein Leben ist … … sobald du die Angst ganz losgelassen hast … … Dann ist es so wie früher, als du dich frei gefühlt hast … … so wie früher, als du dich frei gefühlt hast … … Du stellst dich also auf das Loslassen ein … … Du stellst dich jetzt darauf ein, die Angst loszulassen … …
Hierzu erinnerst du dich daran, dass du schon sehr vieles losgelassen hast … … so oft in deinem Leben … … Schon als Kind musstest du loslassen … … Vielleicht hast du einmal ein geliebtes Spielzeug verloren … … oder es ist kaputt gegangen … … Du konntest es nicht weiter haben und musstest von dem Gedanken loslassen … … Genau so lässt du heute deine Angst los … … genau so … … Möglicherweise hast du einmal einen guten Freund verloren … … und musstest auch da … … loslassen … … Manchmal ist es mit unangenehmen Gefühlen wie mit einem alten Freund … den du loslassen kannst … … um Neues zu ermöglichen … … eine neue Freiheit … … eine ganz neue Freiheit … …
… … So viel hast du schon losgelassen … … nun willst du die Angst loslassen … … und die Angst lässt dich los … … Die Angst lässt dich jetzt los … … Du spürst diese Ruhe und Entspannung tief in dir … … Du kannst über Angst nachdenken, doch bleibst dabei vollkommen ruhig … … Und je intensiver du an die Angst denkst, desto ruhiger wirst du nun … … immer ruhiger … … ruhiger und ruhiger … … Immer, wenn der Gedanke der Angst kommt oder du an das Wort Angst denkst, wird es noch ruhiger in dir … … Jetzt geht es … … hier und jetzt … … So wie es hier und jetzt geht, so geht es an jedem Tag in deinem Leben … …

An jedem Tag in deinem Leben lässt du die Angst erneut los ... ... Du kannst aber noch mehr erreichen ... ... Du kannst das Gefühl der Unruhe und das Gefühl der Angst aus deinem Körper lösen ... ... Auch die frühere Angst, die sich als Erinnerung zeigen kann, um sich dann aufzulösen ... ... Vergangenes kann fortgehen ... ... denn du brauchst es nicht mehr ... ... Vergangenes brauchst du nicht mehr ... ...

... ... So schließe deine linke Hand zu einer lockeren Faust ... ... Nun konzentriere dich auf deinen Körper ... ... Geh mit all deiner Achtsamkeit in dein Körpergefühl ... ... und lass dein Unterbewusstsein alle deine Angsterinnerungen finden ... ... Sie sind in deinem Körper abgespeichert als Gefühle ... ... Und nun beginnt dein Unterbewusstsein, alle Angstgefühle in deinem Körper zu lösen ... ... Und all diese Erinnerungen der Angst, all diese Gefühle der Angst ... ... fließen in deine linke Hand ... ... Du bleibst dabei in einem ruhigen Zustand ... ... Alles geschieht nur in deinem Körper ... ... Du bleibst dabei vollkommen ruhig ... ... Je mehr Angst gelöst wird, umso ruhiger fühlst du dich im Inneren ... ... Und all die Erinnerungen der Angst und jedes tiefe Gefühl der Angst fließen zur linken Hand, die sich immer fester schließt ... ... Je mehr Angst gelöst wird und dort hinein fließt, umso fester schließt sich deine linke Faust ... ...

... ... Immer mehr Angst löst sich aus deinem Körper und fließt in die linke Faust ... ... Du spürst, wie sie sich fester schließt als Zeichen der ankommenden Angst ... ... Du bleibst dabei vollkommen ruhig und gelassen ... ... Alle Ängste lösen sich im Körper und fließen zur linken Hand ... ... Vielleicht spürst du die Entspannung schon, die im Körper immer angenehmer wird ... ... während alle Angst zur linken Hand fließt ... ... Die linke Hand schließt sich immer fester ... ... ganz stabil ... ... Sie bereitet sich darauf vor, die Angst nun für immer loszulassen ... ... Du bereitest dich darauf vor, die Angst jetzt für immer loszulassen ... ...

... ... Nun beginnt dein Körper, Ruhe und Frieden auszustrahlen ... ... Konzentriere dich auf die Mitte deines Körpers, auf dein Sonnengeflecht ... ... Lass von deinem Sonnengeflecht ausgehend, eine wunderschöne Wärme in deinen Körper strahlen ... ... Es wird immer wärmer ... ... und immer angenehmer tief in dir ... ... Du stellst dich darauf ein, die Angst in der linken Hand loszulassen ... ... Je mehr du dich auf dein Sonnengeflecht und die schöne Wärme dort konzentrierst ... ... umso mehr öffnet sich die linke Faust ... ... Sie wird immer lockerer und öffnet sich langsam ... ...

... ... Dabei lässt du alle Angst los ... ... Sie fließt von der Handfläche ab ... ... Es wird ruhiger in deiner linken Hand ... ... Richte deine Achtsamkeit auf dein Sonnengeflecht und lass Wärme entstehen ... ... Stell dir ein schönes Licht vor, dass tief in dir leuchtet ... ... und diese Wärme produziert ... ... Deine linke Hand lässt jetzt alle Angst los und öffnet sich dabei ... ... Die Finger strecken sich immer mehr ... ... Je mehr die Finger sich strecken, umso mehr Angst hast du schon losgelassen ... ... Die Finger strecken sich immer mehr ... ... und du lässt alle Angst los ... ...

... ... Die Wärme breitet sich in deinem ganzen Körper aus und hüllt dich ein wie ein schützender Mantel ... ... Alles wird ruhiger und entspannter tief in dir ... ... Du kannst diese Ruhe genießen ... ... Deine Hand wird immer ruhiger und öffnet sich immer mehr ... ... Die Finger strecken sich und lassen die Angst los ... ... Deine linke Hand entspannt sich und liegt ganz locker neben deinem Körper ... ... Die Angst ist nun gelöst ... ... Die Angst ist nun gelöst ... ...

... ... Vielleicht spürst du ein leichtes Kribbeln in deiner linken Hand ... ... als Zeichen der gelösten Angst ... ... Jeder Rest dieser Angst ... ... jeder noch so kleine Rest ... ... wird über die Handfläche der geöffneten linken Hand abgegeben ... ... Ein sanfter Windhauch nimmt auch den kleinsten Rest davon mit und schenkt dir Ruhe ... ... Ruhe und Gelassenheit ... ... Ruhe und Frieden ... ... tiefe Ruhe und tiefe Gelassenheit ... ... tiefe Ruhe und tiefen inneren Frieden ... ... Wärme erfüllt deinen Körper ... ... sie entsteht tief in deinem Innern und strahlt aus deinem Sonnengeflecht in deinen gesamten Körper ... ... und überall dort, wo einst die Angst war und nun Frieden ist, lagert sich diese angenehme und wohltuende Wärme ein ... ... wie einen Speicher der Wärme und des Wohlgefühls füllst du deinen Körper mit dieser schönen Energie an ... ... Mit jedem Atemzug breitet sich die innere angenehme Wärme in deinem Körper aus ... ... mit jedem Atemzug ... ...

Posthypnotischer Auftrag
Du überlegst dir, dass es Situationen gibt, in denen ein Angstgefühl kommen könnte, weil es gut für dich ist ... ... immer dann, wenn eine tatsächliche Bedrohung existiert ... ... dann kann die Angst dir helfen, um vorsichtig und aufmerksam zu sein ... ... So stellt sich dein Inneres darauf ein, Angst immer nur dann zu produzieren, wenn sie wirklich hilfreich ist ... ... so hilfreich, dass du sofort erkennst, dass sie dir helfen kann ... ... Und wenn du dann denkst, dass du die Angst schneller loslassen willst, erinnerst du dich daran, dass dein Unterbewusstsein für dich die Angst im Körper lösen kann ... ... Das geht dann sehr schnell ... ... Du schließt einfach deine linke Hand und schließt kurz die Augen ... ... für einige Sekunden ... ... und dann erlaubst du deinem Unterbewusstsein, die Angst zu lösen und in die linke Hand zu senden ... ... Anschließend öffnest du sie und lässt die Angst los ... ... Du kannst das noch besser machen und noch freier werden, indem du deine Hand kurz mit kaltem Wasser abwäschst ... ... So einfach kann es sein ... ... ab sofort ... ... weil du es so willst ... ... weil du es so erlaubst ... ...
... ... Nun gönne dir einen Augenblick der Ruhe ... ... genieße noch etwas diesen entspannten Zustand ... ... erlaube es dir einfach ... ... und genieße die Trance noch eine Weile ... ... *(etwas Zeit geben, ca. 1 Minute)* ... ...

Ausleitung

Nun ist es Zeit, alle Gedanken auszublenden und wieder zurückzukehren, um wieder ganz im Hier und Jetzt zu sein ... ... Du stellst dich also darauf ein, wieder wach zu werden ... ... In wenigen Augenblicken wieder ganz hier zu sein, hier in diesem Raum, vollkommen wach und gut erholt ... ... Dein Körper wird nun Schritt für Schritt wieder wach ... ... Von unten nach oben wirst du wacher ... ... Das Aufwachen beginnt bei den Füßen ... ... Deine Füße wachen auf ... ... Vielleicht spürst du sie schon wieder etwas deutlicher ... ... Dann wachen deine Beine auf, zuerst die Unterschenkel ... ... und dann die Oberschenkel ... ... Anschließend kann dein Bauch aufwachen ... ... auch dein Rücken wacht auf ... ... Du spürst die Unterlage unter deinem Körper ... ... Dein Oberkörper wird wacher und wacher ... ... Auch deine Arme wachen auf ... ... Du spürst schon wieder den Drang, dich zu bewegen ... ... Wenn du willst, kannst du deine Arme und Beine schon bewegen, dich recken und strecken ... ... Schließlich wacht dein Kopf auf ... ... Deine Gedanken werden klarer und du möchtest die Augen öffnen. Du kommst zurück und bist wach!

Hypnose 5

Angst verlieren auf der Zauberwiese

Die folgende Hypnosesitzung ist eine Fantasiereise über die Zauberwiese, die als magischer Ort der Wandlung dient. Fantasiereisen benötigen nur eine kurze Tranceeinleitung, da sie eine sehr stark vertiefende Wirkung haben.

Einleitung
Du machst es dir bequem und kannst deine Augen schließen … … Nun kannst du zur Ruhe kommen … …Gleichzeitig kannst du dir in deiner Fantasie, in deiner unbegrenzten Kreativität auch Bilder vorstellen … … Vielleicht wie in einem Traum oder so wie du es von deinen Gedanken kennst, wenn du dir vorstellst, wie etwas sein könnte … … oder sein sollte … … Sicherlich hast du dir schon oft vorgestellt, was du einmal machen willst … … oder was du einmal erleben willst … … Vielleicht hast du dich schon einmal auf einen Urlaub gefreut und dir dann vorgestellt, wie du am Strand sitzt oder in einem Straßencafé … … Also kannst du jetzt an einen Ort gehen, den du dir vorstellen kannst … … einfach so in deiner Fantasie … … Das ist ganz leicht … …
… … konzentriere dich auf deine Atmung und stell dir vor, wie ein Teil von dir eine Reise durch Raum und Zeit machen kann … … Und mit dem Wind deines Atems verlässt du deinen Körper und fliegst durch Raum und Zeit … … ganz tief in deinen Gedanken und Gefühlen findet diese innere Reise statt … … Lass dich einfach treiben … … von selbst kommst du dann schon bald in einer besonderen Umgebung an, die du heute kennen lernst … …

Kreativer Teil auf der Zauberwiese

Du kommst auf der Zauberwiese an. Du siehst den Regenbogen, der die Traumwelt mit der Wirklichkeit verbindet. Als erstes gehst du unter dem Regenbogen hindurch, um damit die Magie der Zauberwiese zu wecken. Denn du weißt, dass jeder Tagtraum, jeder wunderbare Wunsch, unter dem Regenbogen Wahrheit wird ... ... Du bist heute hier, um dich mit der Angst zu beschäftigen, die du so gut kennst, die du schon so oft gespürt hast ... ... Du weißt auch, wie schwer es ist, diese Angst loszulassen. So oft schon hast du es versucht, doch dann ist es dir wieder nicht gelungen. Vielleicht denkst du ja darüber nach, wann es dir hier auf der Zauberwiese gelingen wird ... ...

... ... Ein Zaubertier kommt nun auf dich zu und begrüßt dich auf der Zauberwiese. Vielleicht ist es ja ein Hund oder eine Katze ... ... Vielleicht möchtest du auch lieber, dass dich ein Pferd begleitet. Oder aber, du hast ein ganz anderes Lieblingstier ... ... Du lässt dich also von diesem Tier begrüßen, das dir in diesem Moment einfällt oder das du vor deinem inneren Auge sehen kannst. Du weißt, dass alle Zauberwesen deine Freunde sind. Und dass sie immer dafür da sind, dir zu helfen. Also führt dich dein Zaubertier heute über die Zauberwiese ... ...

... ... Dann siehst du mitten auf der Zauberwiese diese riesige Kristallkugel liegen. Von weitem sieht sie aus wie eine Wahrsagerkugel. Sie ist so groß, dass du sogar hineingehen kannst ... ... Dein Zaubertier sagt zu dir: Das ist die Kugel des einen Tages. Sie heißt so, weil du darin das findest, was Du an genau einem Tag schon erledigen kannst ... ... Wenn heute schon der richtige Tag gekommen ist, dann kannst du heute auch schon ganz viel erledigen ... ... Ganz viel von deiner Angst verlieren ... ... Doch sollte heute noch nicht der richtige Tag sein, so kannst du das gleiche auch an jedem anderen Tag in deinem Leben noch einmal machen ... ... Dann gehst du ganz nah heran. So nah, dass du in die Kugel hineinschauen kannst. Du machst es genau wie ein Wahrsager ... ... Du schaust in die Kugel und siehst dich selbst vor deiner Angst stehen. Die

Angst steht als grinsendes Gespenst vor dir. Ein graues, schmutziges Gespenst, das dich ausgelacht ... ... Und hinter dem Gespenst siehst du auf einer Leinwand all die Situationen, in denen du die Angst besonders spüren kannst. Sie laufen wie ein Film deiner Angst hinter diesem Gespenst ab. Und du stehst hilflos davor ... ... In der linken Hand hält das Gespenst eine braune Kugel. Das ist die Kugel der Angstursachen. Alle Ursachen und Hintergründe deiner Ängste sind in dieser Kugel eingeschlossen. Du kannst nicht hinein sehen, doch du weißt, dass es sie gibt ... ...

... ... Du gehst ein paar Schritte über die Zauberwiese und überlegst, was du tun solltest. Dein Zaubertier ist bei dir. Es schaut dich liebevoll an und sagt: Geh in die Kugel und sprich mit dem Gespenst. Geh in die Kugel. Du wirst sehen, deine Angst ist anders als du glaubst ... ...

... ... Und du nimmst deinen Mut zusammen, um tatsächlich in die Kugel des einen Tages zu den, denn du spürst, dass heute schon der richtige Tag gekommen sein könnte ... ... Und dann gehst du direkt hinein, hinein in die Kugel des einen Tages. Du stehst vor dem Gespenst deiner Ängste. Das Gespenst grinst dich an. Und du sagst: Was soll das? ... ... Was willst Du von mir? ... ... Kannst du mich nicht einfach in Ruhe lassen? ... ... Kannst du nicht einfach verschwinden? ... ... Ohne dich und ohne diese Angst, die du mit dir bringst, wäre ich besser dran ... ...

... ... Das Gespenst sagt: ... ... So einfach ist das nicht ... ... Wie könnte ich einfach verschwinden? Immerhin bin ich ein Teil von dir ... ... Wenn ich dich auch leiden lasse, so erfülle ich doch auch manchmal etwas Gutes für dich ... ... Manchmal hast du auch Vorteile von mir ... ... Vielleicht ist dir das nicht klar, doch wenn du Angst verspürt, kannst Du manchen unangenehmen Konfrontationen auch ausweichen ... ... So helfe ich dir in diesen Momenten, ohne dass du es merkst. Wenn Du einmal darüber nachdenkst, dann kannst du vielleicht sogar erkennen, dass ich dir mit dem Gefühl der Angst auch schon manchmal geholfen habe ... ...

... ... Aber auch, wenn Du überhaupt keine positiven Aspekte der Angst erkennen kannst, so bin ich doch ein Teil von dir ... ... Und du willst mich vertreiben ... ...

... ... Und du sagst: Was soll ich tun? Ich will doch nur, dass es mir besser geht ... ... Das Gespenst sagt: Das gleiche will auch ich. Auch ich suche ein gutes Gefühl. Doch habe ich zu wenig Anerkennung und Respekt erfahren. Du hast dich immer nur gegen mich gewandt. Zeige mir, dass du mich als einen Teil von dir akzeptieren kannst. Vielleicht gelingt es dir sogar, mich einmal in den Arm zu nehmen. Du könntest mir damit Respekt und Ehre erweisen. Ich bin ein Teil von dir, und auch dieser Teil sucht Anerkennung ... ...

... ... Und du denkst darüber nach, dass das Gespenst vielleicht Recht haben könnte. Bisher konntest du es nicht loslassen, ihr habt euch gegenseitig festgehalten, denn euch beiden fehlte Anerkennung, Respekt und Liebe ... ... Du gehst also auf dieses Gespenst zu und nimmst es in den Arm. Du drückst es ganz fest an dich. Dabei spürst du, dass es viel freundlicher ist als du dachtest. Zwischen euch gibt es eine vertraute Wärme und Nähe. Mehr als du es je geglaubt hattest ... ... Das Gespenst bewegt sich und fängt an, sich zu verwandeln. Es verwandelt sich in deinen Armen in eine wunderschöne Fee ... ... Die Fee lächelt dich dankbar an. Sie sagt: Hab vielen Dank. Du hast mich verwandelt durch deinen Respekt und dein Annehmen. Nun helfe ich dir, für immer frei zu werden von Angst. Immer stärker und mutiger zu werden, völlig befreit ... ... Ich helfe dir, so schnell es geht ... ...

Und du gehst raus aus der Kugel, quer über die Zauberwiese und legst dich an einen schönen Platz mitten auf der Wiese. Du entspannst dich und gönnst dir nun etwas Ruhe ... ... Dein Zaubertier legt sich zu dir, gemeinsam könnt ihr die Ruhe genießen. Einfach etwas ausruhen und das Geschehene wirken lassen ... ...

Du schaust nach oben in den Himmel. Kleine weiße Wolken ziehen vorbei. Alle deine Gedanken ziehen mit den Wolken davon. Jede Wolke nimmt einen Gedanken mit. So beginnst du zu träumen ... ... Du träumst davon, wie schön es ist, gelassen und frei zu sein, mutig und stark. Du genießt diese Vorstellung, diesen wunderschönen Tagtraum ... ... Und dann kommt die Person auf dich zu, die dich einmal am allerbesten trösten konnte. Vielleicht ist es eine Person, die die schon sehr häufig getröstet hat. Vielleicht erst vor kurzem, vielleicht ist es auch schon etwas länger her ... ... Und wer weiß, vielleicht hat sie dich auch nur ein einziges Mal getröstet, dann aber so intensiv, dass du es jetzt noch spüren kannst, tief in dir drin ... ... Dein bester Tröster oder deine beste Trösterin kommt nun zu dir auf die Zauberwiese. Dieser gute Mensch nimmt dich in den Arm, hält dich fest und streichelt dich. So wirst du auch jetzt getröstet, für all das Leid, das du erfahren hast ... ... Diese Person, die nun bei dir ist, um dich zu trösten, schenkt dir Mut und Zuversicht ... ...

... ... Dann stehst du auf und gehst zum Regenbogen. Unter dem Regenbogen wird aus jedem schönen Tagtraum eine Wirklichkeit. Dein heutiger Tagtraum ist der Traum von der angstfreien und starken Zukunft ... ... dein Traum von Mut und Zuversicht ... ... dein Traum von innerer Freiheit ... ... von Ruhe und Frieden ... ... tief in dir ... ...

... ... Dann gehst du gelassen und heiter zum Ende des Regenbogens ... ... voller Zuversicht und Hoffnung gehst du deinem Alltag entgegen ... ... Du stellst dich darauf ein, wach zu werden ... ... wach und gut erholt ... ... gestärkt und mit Mut angefüllt ... ... Du machst dir klar, dass du jeden Tag auf deiner Zauberweise sein kannst ... ... denn die Zauberwiese ist tief in dir drin ... ... dort war sie schon immer und dort wird sie immer sein ... ... tief in dir liegt all diese Kraft ... ... diese Kraft, immer wieder die Angst zu verwandeln in etwas Gutes und Helfendes .... Du reichst deiner Angst immer wieder die Hand ... ... Du umarmst sie und nimmst sie an als Teil von dir ... ... und so wie auf der Zauberwiese verwandelt sich deine Angst in Trost und Ruhe ... ... in Nähe und Hilfe ... ... in Stärke und Mut ... ... jeden Tag ... ...

Ausleitung

Für heute geht deine Trance zu Ende. Es ist an der Zeit, zurückzukehren hier in diesen Raum ... ... In wenigen Augenblicken wieder wach zu sein ... ... Im Zustand der Entspannung haben wir nicht immer Konzentration für unsere Sinne, obwohl sie viel besser funktionieren als im wachen Zustand ... ... Im wachen Zustand benutzen wir die Sinne nur gezielter ... ... Du achtest also zunächst einmal auf dein Gehör ... ... Dann wirst du schon spüren, dass die Geräusche der Umgebung deutlicher werden ... ... Du kannst dich mit deinen Ohren orientieren und ganz genau alle Geräusche aufnehmen, die hier in diesem Raum sind ... ... Es ist so, als könntest du dein Gehör lauter drehen und dabei wach werden ... ... Als nächstes achtest du einmal auf deinen Tastsinn ... ... Du kannst deine Umgebung über den Körper spüren. Dann fühlst du zum Beispiel die Unterlage unter deinem Körper ... ... Du kannst auch mit den Händen danach greifen und die Unterlage spüren ... ... Auch dieser Sinn funktioniert hervorragend und du wirst dabei wach ... ... Dann kannst du dich auf den Sehsinn konzentrieren ... ... Vielleicht kannst du schon mit geschlossenen Augen etwas Licht erkennen, das durch deine Augenlider hindurch scheint ... ... Um diesen Sinn noch zu verstärken, kannst du die Augen nun langsam öffnen ... ... Du kannst deine Umgebung wieder sehen und bist wach ... ...

Hypnose 6

Ruhiger werden

Die folgende Hypnosesitzung arbeitet mit einem körperlichen Anker. Als Anker bezeichnet man einen Auslöser, der ein bestimmtes Gefühl herstellen soll. Wir möchten dem Klienten helfen, mit einem leichten Druck auf die linke Hand (auf den Ballen unterhalb des Daumens) das Gefühl der Entspannung zu produzieren. Wir besprechen das vor der Sitzung mit dem Klienten und zeigen ihm die Stelle, auf die er drücken soll. Während der Hypnosesitzung richten wir den Anker dann ein. Es kommt darauf an, im Zustand der Ruhe das Drücken auf den Daumenballen mit dem schon vorherrschenden Gefühl der Ruhe zu verbinden. Dazu müssen wir uns der inneren Ruhe auch sicher sein. Der Hypnosetext ist zum Einrichten der Ruhe geeignet. Dennoch sollten sie ihren Klienten genau beobachten und sicherstellen, dass er sich tatsächlich gut fühlt, wenn der Anker im Teil des posthypnotischen Auftrags gesetzt wird.

Einleitung

Finde zunächst einmal die beste Position, sodass du dich wohl fühlst … … Mach es dir auf der Unterlage bequem … … Mach es dir auch innerlich bequem … … Mit geschlossenen Augen ist das einfach … … Wenn wir uns Ruhe gönnen, schließen wir ja auch die Augen … … Wenn wir dann einschlafen, beginnen wir schon bald zu träumen … … Wir sehen dann Traumbilder … … Aber auch in unserer Fantasie können wir uns Bilder vorstellen … … Auch das ist ganz leicht … … Du kannst dir zum Beispiel einen Pingpong-Ball vorstellen … … Einen kleinen weißen Ball, der hin und her springt … … nach links - nach rechts … … nach links - nach rechts … … nach links - nach rechts … … Und du schaust immer auf diesen Ball … … als Zuschauer eines Pingpongspiels … … Vielleicht sagst du auch eher Tischtennis dazu … … Früher nannte man das Pingpong … … weil der Ball hin und her springt … … links - rechts … … links - rechts … … Ping - Pong … … links - rechts … … Ping - Pong … … Dein Blick folgt dem Ball, nach links nach rechts … … nach links nach rechts … … nach links nach rechts … … Deine Augen folgen diesem Ball … … links - rechts … … Ping - Pong … … Ping - Pong … … Und du kannst dich dabei entspannen … … Während der Ball hin und her springt, sinkst du tiefer und tiefer … … immer tiefer … …

Vertiefung

Es ist nun an der Zeit, dass dein Körper sich weiter entspannt … … So ist es viel einfacher, in eine schöne tiefe Trance zu gelangen … … Und wahrscheinlich möchtest du so schnell es geht in eine tiefe Trance gehen … … denn in diesem tiefen Zustand der Entspannung ist es viel gemütlicher … … Atme ruhig und gleichmäßig und spüre deinen Körper … … Konzentriere dich einmal auf deinen linken Arm, so intensiv du kannst … … Du spürst den linken Arm … … Und nun probierst du das gleiche mit dem rechten Bein … … Du konzentrierst dich einfach darauf, dann spürst du dein rechtes Bein … … Das ist ganz einfach … … Du kannst noch mehr … … Konzentriere dich einfach einmal gleichzeitig auf den linken Arm und dein rechtes Bein … … Das geht … … Es ist sogar einfacher als du denkst … … Du spürst gleichzeitig den linken Arm … … und dein rechtes Bein … … Vielleicht hast du schon bemerkt, dass dein Körper sich dabei entspannt … … Vielleicht aber fällt es dir auch gar nicht auf, weil du dich ja auf den linken Arm und das rechtes Bein konzentrierst … … Und nun wechselst du die Seite … … Du konzentrierst dich auf deinen rechten Arm … … Du spürst ihn genau … … Und dann versuchst du das gleiche mit dem linken Bein … …

Du konzentrierst dich nur auf dein linkes Bein … … Und nun gleichzeitig auf den rechten Arm und das linke Bein … … Du kannst beide Körperteile gleichzeitig spüren … … Den rechten Arm und das linke Bein … … eigentlich ganz leicht … … Wieder entspannt sich dein Körper dabei, auch wenn du es vielleicht nicht bemerkt hast … … Denn du brauchst ja deine Konzentration für den rechten Arm und das linke Bein … … Nun konzentriere dich auf beide Arme und beide Beine gleichzeitig … … Du spürst deine Arme und deine Beine und gehst dabei in eine schöne tiefe Trance … … Jetzt konzentriere dich auf das Kissen unter deinem Kopf und lass los … …

Kreativer Teil

Es wird immer ruhiger in dir und genau das willst du erreichen … … So oft schon hattest du unruhige Zeiten und schwierige Momente erlebt … … und nicht immer wusstest du, warum du diese Unruhe verspürt hattest … … Manchmal fühltest du dich innerlich getrieben … … du fandest keine Ruhe … … Jetzt ist es anders … … jetzt kannst du die Ruhe genießen und dir wünschen, dass sie so lange wie möglich anhält … … dass du sie mitnehmen kannst, wenn du wieder wach wirst … …
… … Doch bis dahin ist noch viel Zeit … … einfach die Ruhe zu genießen … … und darauf zu achten, wie es sich im Innern anfühlt … … in deinem Körper … … Dein Körper ist schon zur Ruhe gekommen und dennoch kann er noch tiefer entspannen … … Spüre in deinen Körper hinein und dir findest eine kleine Wärmequelle … … vielleicht eine kleine brennende Kerze oder eine kleine Sonne, die tief in dir leuchtet … … Die Wärme, die von dieser Flamme ausstrahlt, erfüllt dein ganzes Inneres und wärmt dich wie eine warme flauschige Decke … … Die innere Wärmequelle sitzt irgendwo in deinem Körper … … vielleicht in der Mitte, im Bauch … … oder in den Füßen … … vielleicht auch irgendwo in den Beinen … … Du konzentrierst dich auf diese Wärme und stellst sie dir vor,

wie eine Kugel aus reiner Energie ... ... wie eine kleine, warme Sonne in deinem Körper ... ...

... ... Die Sonne strahlt in alle Richtungen und kann sich sogar in deinem Körper bewegen ... ... Zuerst bewegt sie sich in deinen Kopf hinein ... ... Du spürst die wohltuende Wärme in deinem Kopf ... ... eine angenehme Strömung aus Wärme durchflutet deinen Kopf und lässt dich ruhiger werden ... ... und je intensiver du dir die Sonne in deinem Kopf vorstellst, umso ruhiger wird es in dir ... ... immer, wenn du das Bild der Sonne in deinem Körper siehst oder es dir einfach vorstellst, wird es ruhiger in dir ... ... und angenehmer ... ... und stiller ... ... Du kommst zur Ruhe ... ... Genieße den Augenblick und spüre, wie es ruhiger wird in dir ... ... immer, immer ruhiger ... ...

... ... Dann bewegt sich die Sonne in deinen Bauch und wärmt deinen Oberkörper ... ... Dein Bauch fühlt sich warm und gut an ... ... Alle Blockaden und alle Verspannungen lösen sich in dem warmen Sonnenlicht auf ... ... Je intensiver du dir die Sonne in deinem Bauch vorstellst, umso ruhiger wird es in dir ... ... immer, immer ruhiger ... ... Die Sonne strahlt in alle Richtungen ... ... vom Bauch bis in den Rücken hinein ... ... Dein ganzer Rücken wird angenehm warm ... ... Immer, wenn du das Bild der Sonne in deinem Innern siehst oder sie dir in deinen Gedanken vorstellst, wird es wärmer in deinem Bauch und ruhiger ... ... Alle Verspannungen lösen sich auf ... ... Du kannst die Ruhe spüren ... ... Du kannst die Ruhe beeinflussen ... ... Du kannst die Ruhe steuern ... ... Du kannst die Ruhe tiefer gehen lassen ... ... mit der Kraft deiner Gedanken ... ... Du kannst die Ruhe für dich nutzen ... ... gerade dann, wenn dich Gedanken treiben, lässt du die Sonne stärker leuchten ... ... Gerade dann, wenn du Furcht oder Angst verspürst, lässt du die Sonne in deinem Innern leuchten und es wird ruhiger ... ... so wie jetzt ... ... genau so, wie jetzt ... ...

... ... Du lässt die Sonne in deine Beine wandern ... ... auch dort strahlt sie ihre Wärme nach allen Seiten ... ... auch dort hilft sie dir dabei, ruhiger zu werden ... ... Du stellst dir die Sonne im Innern vor ... ... du denkst so deutlich wie möglich daran ... ... Je intensiver du das Bild der Sonne denkst oder siehst, umso ruhiger wird es in dir ... ... immer, immer ruhiger ... ...

... ... Du erinnerst dich daran, wie es war, als du zum letzten Mal die Unruhe gespürt hattest ... ... du weißt wie es da war ... ... Jetzt spürst du viel mehr Ruhe ... ... doch du erinnerst dich und lässt gleichzeitig die Sonne leuchten ... ... Dann wird es ruhiger ... ... Du planst tief in dir, dass es in Zukunft so sein soll ... ... also versuchst du es noch einmal ... ... Du erinnerst dich an eine Situation, in der du sehr unruhig warst und lässt die Sonne in deinem Innern leuchten ... ... und schon wird es wieder ruhiger und fühlt sich angenehm an ... ... immer, immer ruhiger ... ... genau jetzt wird es ruhiger ... ... jetzt und immer, wenn du die Sonne in deinen Gedanken strahlen lässt, wird es ruhiger in dir ... ... so wie jetzt ... ... genau so ... ...

... ... Dann überlegst du dir, dass du einen Schalter gebrauchen kannst, mit dem du die Sonne in deinem Körper einfach anschalten kannst ... ... Du stellst dir vor, wie das sein wird, wenn du einfach den Schalter drückst und die Sonne in deinem Innern beginnt warm zu strahlen und du wirst ruhiger ... ... Du stellst dir vor, wie du vor einem Schalter stehst, der aussieht wie ein Lichtschalter, und du drückst drauf ... ... Die Sonne beginnt kräftig zu leuchten ... ... Wenn du noch einmal drauf drückst, leuchtet sie sogar noch stärker ... ... So einen Schalter brauchst du ... ... So einen Schalter hast du... ... So einen Schalter hast du ... ...

Posthypnotischer Auftrag

Er sitzt in deiner linken Hand ... ... in dem Ballen des Daumens ... ... Du kennst die Stelle, ich habe sie dir gezeigt ... ... Jetzt spürst du diese Ruhe und Entspannung ... ... Nimm nun Zeigefinger und Daumen der rechten Hand und ergreife deine linke Hand ... ... *[eventuell dabei helfen, falls der Klient sich nicht richtig orientiert]* ... ...

... ... genau so ist es gut ... ... Nun lass die innere Sonne noch etwas kräftiger leuchten ... ... So wirkt sie noch tiefer und gibt dir Ruhe ... ... Und nun drücke kurz auf den Daumenballen der linken Hand ... ... Gut so ... ... Wir wollen noch etwas weiter gehen ... ... Stell dir vor, in dem Daumenballen der linken Hand sitzt ein Schalter ... ... wenn du ihn drückst, beginnt deine wärmende Sonne in deinem Innern zu leuchten und schenkt dir Ruhe ... ... Je länger du darauf drückst, umso stärker leuchtet deine Sonne und umso ruhiger wird es in dir ... ...

... ... Drücke nun auf den Handballen und halte ihn gedrückt ... ... Spüre, wie die Sonne leuchtet, immer heller und immer wärmer ... ... und es wird immer ruhiger in dir ... ... Lass es wirken und spüre es so ... ... immer ruhiger ... ... Nun lass wieder los ... ...

... ... So wird es jedes Mal sein ... ... Immer, wenn Unruhe in dir aufkommt, drückst du sofort auf den Daumenballen der linken Hand und hältst ihn gedrückt, bis ein ruhiges Gefühl sich einstellt ... ... Du kannst es noch einmal testen ... ... Denke an eine Situation, in der du so unruhig warst, dass es sich schlecht angefühlt hat, dass du Angst hattest und weder ein noch aus wusstest ... ... Denke jetzt an diese schlimme Situation und erinnere dich, wie es war ... ... Jetzt ... ... Und nun drücke auf den Daumenballen, halte ihn gedrückt und lass die Sonne leuchten ... ... immer heller und immer wärmer und spüre, wie es ruhiger wird ... ... Lass es ruhiger in dir werden ... ... Genau so ... ... Lass wieder los und genieße die Wirkung ... ... Genieße die Ruhe ... ... und stell dich langsam darauf ein, zurückzukehren ... ... langsam wieder wach zu werden ... ...

Ausleitung

Nun ist es Zeit, alle inneren Bilder auszublenden und wieder zurückzukehren, um wieder ganz im Hier und Jetzt zu sein ... ... Du stellst dich also darauf ein, wieder wach zu werden ... ... in wenigen Augenblicken wieder ganz hier zu sein ... ... hier in diesem Raum ... ... vollkommen wach und gut erholt ... ... Alle Gedanken und Bilder, die du jetzt im

Kopf hast, kannst du langsam ausblenden ... ... Du kannst dir alle Gedanken vorstellen wie ein Film auf einer Leinwand ... ... Du hast sie dir angeschaut, vielleicht würdest du auch gerne das eine oder andere länger betrachten ... ... Du weißt, dass du jederzeit noch einmal in deine inneren Bilder gehen kannst, um sie anzuschauen ... ... Jetzt aber blendest du alle Bilder aus ... ... Dazu stellst du dir vor, wie alle inneren Bilder und alle Gedanken auf dieser Leinwand immer dunkler werden ... ... so, als würde jemand das Licht ausdrehen ... ... Die Bilder und Gedanken werden dunkler und blasser ... ... bis du sie kaum noch erkennen kannst ... ... wie in einem Kino, wenn die Vorstellung zu Ende geht. Die Leinwand wird dunkel ... ... Der Film ist zu Ende ... ... Du kannst das Licht einschalten, indem du die Augen öffnest und wieder wach bist ... ...

Hypnose 7

Der Raum der Sicherheit

Diese Hypnosesitzung wird mit der Blickfixationstechnik eingelei-
tet. Halten Sie hierzu Daumen, Zeigefinger und Mittelfinger der
rechten Hand an den Fingerspitzen zusammen und lassen sie den
Klienten darauf schauen. Halten Sie die Finger so, dass der Klient
bequem liegen/sitzen kann und die Finger auf Augenhöhe (oder
ganz leicht erhöht) in ca. 20 Zentimeter Abstand fixieren kann.

Einleitung

Mach es dir bequem und richte den Blick auf den Punkt zwischen meinen Fingern ... ... Konzentriere dich ganz darauf und fixiere meine
Finger mit beiden Augen ... ... Vielleicht merkst du schon, wie der Hintergrund dabei langsam verschwimmt ... ... und dabei gehst du in eine
schöne, angenehme Trance ... ... Mit der Zeit werden die Augen müde
... ... vielleicht merkst du es noch nicht ... ... ganz langsam wird eine
angenehme Müdigkeit in deine Augen einkehren ... ... sodass es viel
angenehmer ist ... ... sie einfach zu schließen ... ... Und sobald dein
Gefühl dir sagt, es wäre angenehmer, die Augen nun zu schließen ... ...
kannst du sie einfach zumachen ... ... und dich ganz tief entspannen ...
... wobei dein Unterbewusstsein sich ganz weit öffnet ... ... und dich
bei allem unterstützt, was du erreichen möchtest ... ...

... ... [Falls die Augen noch offen sind: Vielleicht schließt du jetzt
einfach deine Augen und lässt das einmal auf dich wirken.] ... ...

… … Du wirst dann schon bald merken, dass es gut so ist … … dass du viel besser entspannen kannst … … und dabei in eine schöne Trance gelangst … … einfach so … … wie von selbst … …

Vertiefung

Ich zähle nun von 20 beginnend rückwärts bis Null … … Und wenn ich bei Null angekommen bin, dann bist du bereits in einer sehr tiefen Trance angelangt …

… 20 … … Du spürst die Entspannung … … Sie geht tiefer und tiefer

… 18 … … Deine Atmung wird mit jedem Atemzug ruhiger … …

… 16 … … Du lässt alle Gedanken los … … lässt sie weiterziehen …

… 14 … … Wärme strömt von deinem Kopf aus in deinem gesamten Körper … … Dein ganzer Körper wird von Wärme erfüllt … …

… 12 … … Lass deinen Körper immer schwerer werden … … immer schwerer … …

… 10 … … Deine Füße tragen dich den ganzen Tag … … Nun aber dürfen sie entspannen … …

… 8 … … Du spürst die Entspannung deines Körpers … … Lass ihn schwerer und schwerer werden … …

… 6 … … Du spürst ein sanftes Kribbeln in deinen Füßen … …

… 4 … … Dein Blick dreht sich immer mehr nach innen … … ganz in deine Mitte hinein … …

… 2 … … Deine Entspannung geht immer tiefer … … Du kannst jetzt alles loslassen … …

… 0 … … Genieße nun die Entspannung voll und ganz … …

Kreativer Teil

Du kennst das Bedürfnis nach Sicherheit und Ruhe ... ... Ich kann dir helfen, einen besonderen Raum deiner Sicherheit in deinem Inneren einzurichten ... ... einen Raum, in den du dich zurückziehen kannst ... ... in dem du immer wieder und ganz schnell Geborgenheit und Sicherheit finden kannst ... ... Einen solchen Ort wünschen sich die meisten Menschen ... ... Du wirst ihn heute erschaffen ... ... nur für dich ... ...

... ... Stell dir vor, du stehst mitten auf einer schönen alten Straße und schaust direkt auf ein wunderschönes Haus ... ... ein Haus mit hohen Fenstern und Türen ... ... ein altes Haus, das aussieht, als sei es von selbst gewachsen in dieser Landschaft ... ... Geh auf das Haus zu ... ... es ist dein inneres Haus ... ... In diesem Haus findest du alle schöpferischen Fähigkeiten und alle Kreativität in dir ... ... Gehe immer näher heran und betrachte es ... ... Es ist stabil und sicher gebaut ... ... hat auch raue Zeiten überstanden und steht immer noch fest wie ein Fels in der Brandung ... ...

... ... Öffne die Tür ... ... Sie lässt sich ganz leicht öffnen ... ... Trete ein in dein inneres Haus ... ... Im Eingangsbereich findest du Wandschränke, die du öffnen kannst ... ... Du öffnest einen Schrank nach dem anderen und alle sind leer ... ... Sie stehen dir zur Verfügung ... ... Du kannst alles darin abstellen, was du jetzt nicht brauchst ... ... Alle Gedanken, alle Sorgen, alle Gefühle kannst du wie einen Rucksack absetzen und in den Wandschränken verstauen ... ... Du setzt also den Rucksack deines Tages ab und stellst ihn in einen Schrank, den du sofort schließt ... ... Dann gehst du weiter durch den Flur des Hauses ... ... es gibt viele Türen hier ... ... viele Räume, in denen du Ereignisse und Erlebnisse deines Lebens finden kannst ... ... und Möglichkeiten ... ...

... ... Du kommst zu einer Tür, an der ein Schild hängt mit der Aufschrift: Raum der Sicherheit ... ... Öffne die Tür und gehe hinein ... ... Der Raum ist leer ... ... Es soll dein Ort der absoluten Sicherheit sein ... ... deine Zuflucht ... ... vielleicht dein Panic Room ... ...

... ... Überlege dir, was du alles gebrauchen kannst in diesem Ort der Ruhe und Sicherheit ... ... Wähle ein Möbelstück, dass dir Geborgenheit geben kann ... ... vielleicht eine bequeme Couch oder einen Fernsehsessel ... ... oder eine kuschelige Matratze mit einer flauschigen Decke ... ... oder was eben am besten zu dir passt ... ... Stell dieses Möbelstück auf und probiere es aus ... ... Mach es dir darauf bequem und lass es für dich wirken ... ... Spüre, wie es dir tatsächlich schon ein Gefühl von Sicherheit geben kann ... ... Richte den Raum weiter ein ... ... Vielleicht brauchst du einen Tisch, ein paar Regale oder andere Möbelstücke, die dir in den Sinn kommen ... ... Wähle alles so, dass du dich dabei wohlfühlen kannst ... ... und sicher ... ...

... ... Überlege dir nun, wie du dich schützen kannst in diesem Raum ... ... Bringe eine sichere Verriegelung an der Tür an und an deinem Fenster ... ... eine Verriegelung, die du ganz leicht betätigen kannst ... ... die dir absolute Sicherheit gibt, sodass nichts und niemand in deinen Raum eindringen kann, ohne deine Zustimmung ... ...

... ... Überlege dir nun eine Kommunikationsmöglichkeit ... ... Vielleicht soll es ein abhörsicheres Telefon geben, damit du nach außen Kontakt aufnehmen kannst, ohne Angst haben zu müssen ... ... damit du unerkannt bleiben kannst, wenn du es willst ... ... Möglicherweise willst du lieber ein Funkgerät haben oder eine Verbindung über das Internet ... ... mit einer Webcam ... ... Entscheide selbst, was dir am meisten Sicherheit gibt und wie du nach außen gehen kannst, wenn du dich in Sicherheit bringen willst ... ... Entscheide selbst, wie du dich mitteilen willst, wie du darüber reden willst, wenn du Angst hast ... ... Du kannst an einem sicheren Ort sein und gleichzeitig Mitteilungen senden ... ... Entscheide also auch, wer in deine Kontaktliste aufgenommen wird ... ... Probiere deine Kommunikationswege nun aus ... ... Stell dir vor, wie du jemanden anrufst und mit jemandem über deine Angst sprichst ... ... Du weißt, dass dir an dem sicheren Ort nichts passieren kann und dass du dich sofort darin abgrenzen kannst ... ... Nur du entscheidest also, wie du dich mitteilst ... ...

... ... Überlege nun, wer dich an dem sicheren Ort besuchen darf ... ... wer Zugang zu deinem inneren Haus haben darf, um dich zu besuchen, gerade dann, wenn du dich weit in dieses Haus zurückziehst ... ... Vereinbare mit diesem Besucher ein Signal, das du ihm gibst, sodass er in deinen sicheren Raum hinein darf ... ... Vielleicht soll jemand einen Schlüssel haben, dem du ganz vertraust ... ... oder den Zugangscode zu deinem Sicherheitsriegel vor der Tür ... ... Oder aber du entscheidest von Mal zu Mal, wer zu dir darf und öffnest dann selbst dein inneres Haus, um über deine Angst zu sprechen ... ...

... ... Du brauchst noch etwas zu essen in deinem Sicherheitsraum ... ... vielleicht einen Kühlschrank oder eine Mirkowelle ... ... Du kannst dir auch einen Speisenaufzug einrichten, über den deine Verpflegung angeliefert wird, wenn du länger in deinem Raum bleiben solltest ... ... Plane deinen Raum genau so, dass er für dich der sicherste Rückzugsort, das beste Versteck sein kann ... ...

... ... Überlege, was du noch brauchst, um dich wohl zu fühlen und richte dein Zimmer weiter ein ... ... Es soll alles da sein, was du brauchst, um dich wohl zu fühlen ... ... so wie du es am besten kannst ... ... Richte alles in Ruhe ein ... ... Alle deine Wünsche werden in deinem inneren Haus erfüllt ... ... alles, was du brauchst, wird dir von freundlichen Helfern gebracht ... ...

... ... Und dann genieße die Ruhe und das Gefühl der Sicherheit in deinem Raum ... ... Verriegle die Tür, wenn du willst und bleibe ganz in diesem Raum ... ... Spüre, wie viel Sicherheit und Ruhe er dir geben kann ... ... jetzt und an jedem Tag ... ... jetzt und an jedem Tag ... ... Mach es dir bequem und gemütlich ... ... So ruhig und schön kann es an deinem Ort der Sicherheit sein ... ...

Posthypnotischer Auftrag

Und nun planst du, wie du am schnellsten an diesen Ort kommen kannst, wenn du Angst hast oder wenn du einfach hier sein möchtest, um Ruhe zu finden ... ... Du überlegst dir, dass du einfach kurz die Augen schließen kannst, um hier hin zu gelangen ... ... und immer, wenn du die Augen schließt, um in deinen Raum der Ruhe zu kommen, öffnet sich die schwere Haustür von selbst ... ... Sobald deine Augen geschlossen sind, ist die Tür deines inneren Hauses auch schon für dich geöffnet und du gehst in den Eingangsbereich ... ...

... ... Dort stellst du den Rucksack deiner Angst und all deiner Belastungen in den Wandschrank und wirst dabei schon ruhiger ... ... so wie jetzt ... ... genauso ruhig wie jetzt ... ... Dann gehst zu dem Raum der Sicherheit, der sich von selbst öffnet, wenn du dich näherst ... ... Du gehst hinein und verriegelst die Tür und genießt die Ruhe ... ... so wie jetzt ... ... Ruhe wie jetzt ... ... Sicherheit wie jetzt ... ... So einfach kann es sein ... ... Jeden Tag kannst du den Raum der Sicherheit aufsuchen, indem du kurz die Augen schließt und damit den Zugang zu deinem Haus öffnest und hineingehst ... ...

... ... Du prägst es dir fest ein ... ... Augen schließen und schon bist du dort ... ... Augen schließen und schon bist du dort ... ... und nur du entscheidest, wann du diesen Ort verlässt ... ... wann du mit jemandem sprichst ... ... oder dich anders mitteilst ... ... wenn du wieder in Sicherheit bist ... ... und dich besser fühlst ... ... so wie jetzt ... ...

Ausleitung

Nun ist es Zeit, alle inneren Bilder auszublenden und wieder zurückzukehren, um wieder ganz im Hier und Jetzt zu sein ... ... Du stellst dich also darauf ein, wieder wach zu werden ... ... In wenigen Augenblicken wieder ganz hier zu sein ... ... hier in diesem Raum, vollkommen wach und gut erholt ... ... Und schon kommt das Leben zurück in deinen Körper ... ... in die Füße ... ... in die Beine ... ... in den Bauch ... ... Du atmest

tief ein, dabei kommt das Leben auch zurück in deinen Oberkörper ... ...
in die Arme ... ... und in den Kopf ... ... Du atmest noch einmal tief ein
und verspürst schon wieder den Drang, dich zu bewegen ... ... Du
reckst dich und streckst dich ... ... Du bewegst die Arme und Beine und
wirst wieder wach ... ... Noch einmal atmest du tief ein und öffnest die
Augen ... ... Du bist wieder wach ... ...

Hypnose 8

Zukunftsangst überwinden

Diese Hypnosesitzung wird mit der bewegten Blickfixationstechnik eingeleitet. Halten Sie hierzu Daumen, Zeigefinger und Mittelfinger der rechten Hand an den Fingerspitzen zusammen und lassen sie den Klienten darauf schauen. Halten sie die Finger so, dass der Klient bequem liegen/sitzen kann und die Finger auf Augenhöhe (oder ganz leicht erhöht) in ca. 20 Zentimeter Abstand fixieren kann. Bewegen sie dann ihre zusammengehaltenen Finger zügig vor den Augen des Klienten hin und her, wobei dieser nur mit den Augen folgen soll (keine Kopfdrehungen!).

Einleitung

Nun leg dich erst einmal so richtig bequem hin und atme einige Male in aller Ruhe ein und aus … … Und nun richte deinen Blick auf den Punkt zwischen meinen Fingern und folge der Bewegung meiner Finger … … hin und her … … und hin und her … … und hin und her … … … [immer im Rhythmus der Bewegung] … … und hin und her … … Bleibe mit deinem Blick auf meinen Fingern … … Vielleicht fragst du dich, ob deine Augen sich nicht schließen werden … … obwohl du bereits in Trance gehst … … Und vielleicht fühlst du schon die Schwere und die Müdigkeit, die sich in den Augen einstellen … … Und während deine Augen weiter hin und her wandern … … hin und her … … immer meinen Fingern folgend … … werden deine Augenlider langsam müde … … und schwer … … wobei du in eine ganz tiefe Entspannung sinkst …

... Und wenn der Zeitpunkt gekommen ist, die Augen zu schließen, weil du denkst, dass das viel angenehmer und bequemer ist ... ... dann kannst du sie einfach schließen und geschlossen halten ... ... Sobald der richtige Zeitpunkt gekommen ist, die Augen jetzt zu schließen ... ...

Vertiefung

Du kannst dich noch tiefer entspannen, wenn dein Körper noch tiefer zur Ruhe kommt ... ... Du kannst dir ja einmal vorstellen, dass dein Körper einschläft ... ... Und du bleibst dabei wach und konzentrierst dich auf meine Stimme ... ... Beides geht tatsächlich gleichzeitig ... ... Dein Körper kann ganz tief entspannen ... ... so tief, dass es sich anfühlt, als würde er einschlafen ... ... Doch nur dein Körper schläft ein ... ... Er wird dabei immer träger und müder ... ... Vielleicht wird er dabei sogar schwerer ... ... eine angenehme Müdigkeit und angenehme Schwere in deinem Körper ... ... Zuerst lässt du deine Arme müde werden ... ... Sie begeben sich zur Ruhe, so wie nachts, wenn du schläfst ... ... Dabei entspannst du dich auch innerlich ... ... Gleichzeitig aber konzentrierst du dich auf meine Stimme ... ... Dann lässt du deinen Oberkörper müde werden und langsam einschlafen ... ... Deine Atmung wird ruhiger ... ... genauso, als würdest du nun tatsächlich einschlafen ... ... wobei du dich weiter auf meine Stimme konzentrierst ... ... Dann lässt du die Beine einschlafen ... ... Sie werden immer träger und immer müder ... ... angenehm müde und angenehm schwer ... ... Und du entspannst dich dabei immer tiefer ... ... und gehst immer tiefer in einen wunderschönen Zustand der inneren Ruhe ... ... Du lässt auch deine Füße müde werden ... ... Sie begeben sich zur Ruhe ... ... Dein ganzer Körper wird immer ruhiger ... ... Er fühlt sich schon fast so an, als würdest du tatsächlich schlafen und meine Stimme nur noch in einem Traum hören ... ... Du kannst also nun auch deinen Kopf müde werden lassen ... ... mit all deinen Gedanken, die dann langsam übergehen in einen schönen Traum … … Dein ganzer Körper begibt sich in einen tiefen Ruhezustand … …

Kreativer Teil

Jetzt geh an einen schönen Platz … … an einen Ort, an dem du dich ganz wohl fühlen kannst … … In deiner Vorstellung gehst du einfach an einen Ort, an dem du noch nie Angst empfunden hast … … Irgendwo gibt es einen Ort, der für dich das Gefühl der Sicherheit am ehesten hat … … vielleicht ein Ort, an dem du schon lange nicht mehr warst … … Vielleicht ist es auch einer, den es gar nicht gibt … … den es nur in deinem Inneren gibt … … Auch dann ist es der richtige Ort … … Mal in dir einfach so aus, wie dein sicherster Ort aussehen könnte … … An diesem Ort, an dem du nun bist, gibt es keine Angst … … und keine Sorgen … … Hier gibt es keine Unsicherheiten … … und kein Grübeln … … Hier geht es dir gut … … Du findest hier deine Ruhe … … Du kannst dich an deinem Ort der Ruhe und der Sicherheit hinsetzen oder hinlegen … … wie du willst … … Und du findest dort zwei Kugeln, so groß wie Medizinbälle … …

… … Die eine Kugel ist schwarz … … In dieser Kugel sind all deine Sorgen und Gedanken … … alles, was dir Angst macht … … Die andere Kugel ist golden … … Das ist die Kugel deiner Kraft und Stärke … … In ihr ist alles, was dir von innen heraus helfen kann … … Alles, was du zur Überwindung deiner Unsicherheiten benötigst … …

… … Du nimmst zuerst die schwarze Kugel in die Hand … … Du kannst hineinsehen … … In der Kugel ist alles, was dir Angst macht … … Du schaust hinein und findest dort alle Situationen, die dir ein mulmiges Gefühl bereiten … … Du kennst die Situationen und weißt, wann du sie erlebt hast … … Dann gibt es Entscheidungen, die du fällen musstest … … Manche hast du vielleicht vorschnell getroffen und später bereut … … Andere konntest du kaum treffen, weil du dich einfach nicht für einen Weg festlegen konntest … … Auch diese Entscheidungen betrachtest du jetzt noch einmal … … Und hier, an dem Platz, an dem du keine Angst empfinden kannst, ist das ganz leicht … … Hier macht dir das keine Angst … … Hier bleibst du ruhig und gelassen dabei … …

… … Und schließlich gibt es da noch Personen in deiner schwarzen Kugel … … Da sind Menschen, unter denen du gelitten hast … … deren bloße Anwesenheit dich manchmal in Angst versetzt hat … … Du siehst noch einmal in dieser Kugel, wie das war, wenn du sie getroffen hast oder mit ihnen zu tun hattest … … Du kennst sie, und einige spielen sicherlich heute noch in irgendeiner Art und Weise eine Rolle in deinem Leben … … Andere sind vielleicht in der Kugel, die bereits aus deinem Leben verschwunden sind … … Und auch die wirken sich heute noch aus … … Auch die haben mit deinen Ängsten zu tun … … mit deinem unsicheren Gefühl, das du hast, wenn du an deine Zukunft denkst … …

… … Und dann gibt es noch einen ganz persönlichen Bereich in deiner schwarzen Kugel … … Dort sind alle ganz persönlichen Erinnerungen oder Erlebnisse, die dir Angst machen … … oder die dazu beigetragen haben und immer noch beitragen, dass du immer wieder Angstgefühle hattest … … Viele von diesen Dingen, die in diesem ganz persönlichen Bereich sind, kennst du sehr gut … … Du hast sie im Gedächtnis … …kannst darüber nachdenken … … Und dann gibt es da noch Dinge oder Aspekte, die du vielleicht schon vergessen hattest … … die dir aus dem Hintergrund heraus Angst machen … … Und du weißt dann gar nicht immer, wo sie eigentlich herkommt … … Jetzt, ganz in Ruhe und mit diesem Abstand der Entspannung … … kannst du vielleicht das Eine oder Andere erkennen … … Etwas, das du vorher noch gar nicht im Blick hattest … … Jetzt kannst du das alles sehen oder zulassen, ohne Angst zu empfinden … … denn in der Entspannung gibt es keine Angst … …

… … Dann hältst du diese schwarze Kugel der Angst und des Grübelns in den Händen und du verabschiedest Dich von allem, was darin ist …

… Du weißt, dass all das ein Teil von dir ist und dass du ihn nicht ungeschehen machen kannst … … Das sollst du auch gar nicht … … Das wäre wieder einmal ein Anspruch, den du erfüllen solltest … … Hier sollst du es leicht haben … … und dich wohl fühlen … … Du verabschiedest dich daher nicht von den Erinnerungen … … nicht von der Realität des Inhaltes der schwarzen Kugel, sondern von der Verbindung zu deiner Angst … … Du verabschiedest dich davon, dass die schwarze Kugel, mit allem, was in ihr ist, dir Angst macht … … dich grübeln lässt … … dir Sorgen macht … … Von dieser alten Funktion der schwarzen Kugel verabschiedest du dich nun … … und du legst sie weg … …

… … Du nimmst die goldene Kugel in die Hand und schaust hinein … … Das ist die Kugel deiner Fähigkeiten und deiner Fürsorge … … In dieser Kugel findest du alles, was du besonders gut kannst und was du gut gemacht hast in deinem Leben … … Es gibt Dinge, auf die du stolz sein kannst, wenn du genau hinsiehst … … In der goldenen Kugel sind alle Erlebnisse, die in deinem Leben angstfrei waren … … vielleicht manchmal nur kurze Momente … … vielleicht einige Situationen auch nur in deiner Fantasie … … vielleicht warst du in deiner Fantasie, in deinen Tagträumen schon ganz oft stark und furchtlos, mutig und völlig frei … … Auch diese Erlebnisse sind in der goldenen Kugel, denn auch deine Fantasie und deine Vorstellungskraft gehören zu dir … … Du lässt den Inhalt der goldenen Kugel auf dich wirken und möglicherweise überrascht es dich ja, zu sehen, dass sie mindestens genauso voll ist wie die schwarze … … Alles, was in der goldenen Kugel ist, kann dir helfen, deine Sorgen zu überwinden … … deine Unsicherheiten kleiner zu machen … … dein Leben furchtlos und voller Mut zu leben … … Dieses Gefühl der Kraft ist in dieser Kugel … … Du kannst ganz hinein gehen und dieses Gefühl in dir aufnehmen … …

… … Auch deine goldene Kugel hat einen ganz persönlichen Bereich … … Dort findest du alles, worauf du besonders stolz bist … … In diesem ganz privaten Bereich ist das hinterlegt, was dir am meisten Zuversicht und Schutz geben kann … … Hier ist alles, was dir hilft, schon bald deine Unsicherheiten und Gedanken zu überwinden … … Hier findest du den Schlüssel zur Freiheit und Unbeschwertheit … … zu deinem persönlichen Glücklichsein … … zu deiner Erleichterung und Freude … … Dieser Schlüssel wartet auf dich … … im ganz persönlichen und damit auch sehr vertrauten Teil der goldenen Kugel … …

Posthypnotischer Auftrag

… … Diesen Schlüssel zur Freiheit und zur Stärke nimmst du aus der Kugel heraus … … Du nimmst ihn fest in die Hand … … und dann spürst du die Kraft, die von ihm ausgeht und die Wärme, die aus dir selbst kommt … … Pack die goldene Kugel ein … … Nimm sie mit und halte sie fest … … So kannst du die Kraft und den Mut, die beide aus ihr kommen, immer spüren … … die Kraft und den Mut, die aus dir selbst kommen … … Pack die goldene Kugel nun ein und bring sie mit … … in deine wache Wirklichkeit … …

Ausleitung

Nun ist es Zeit, langsam wieder wach zu werden … … wieder in diesen Raum zu kommen … …. in deinen Alltag … …. Du stellst dich also darauf ein, wieder wach zu werden … … in wenigen Augenblicken wieder ganz hier zu sein, hier in diesem Raum, vollkommen wach und gut erholt … …Dein Körper wird nun Schritt für Schritt wieder wach. Von unten nach oben wirst du wacher … … Das Aufwachen beginnt bei den Füßen. Deine Füße wachen auf … … Vielleicht spürst du sie schon wieder etwas deutlicher … … Dann wachen deine Beine auf, zuerst die Unterschenkel und dann die Oberschenkel … … Anschließend kann dein Bauch aufwachen … … auch dein Rücken wacht auf … … Du spürst die Unterlage unter deinem Körper … … Dein Oberkörper wird wacher und wacher. Auch deine Arme wachen auf … … Du spürst schon wieder den

Drang, dich zu bewegen ... ... Wenn du willst, kannst du deine Arme und Beine schon bewegen, dich recken und strecken ... ... Schließlich wacht dein Kopf auf ... ... Deine Gedanken werden klarer und du möchtest die Augen öffnen ... ... Du kommst zurück und bist wach ... ...

Hypnose 9

Angst verlieren im Land der Träume

*Die folgende Hypnosesitzung ist eine Fantasiereise durch das Land
der Träume, das innere Haltungen und Veränderungsmöglichkei-
ten repräsentiert. Fantasiereisen benötigen nur eine kurze Tranceeinleitung, da sie eine sehr stark vertiefende Wirkung haben.*

Einleitung

Du schließt die Augen und suchst zunächst einmal die bequemste Position auf deiner Unterlage ... ... Je bequemer es ist, desto leichter kannst
du nun entspannen ... ... Stell dir vor deinem inneren Auge eine brennende Kerze vor ... ... vielleicht eine weiße Kerze, die direkt vor dir
steht ... ... Sie hat eine schöne helle Flamme ... ... Du schaust direkt auf
diese Kerze ... ... direkt in die schöne, helle Flamme hinein ... ... Die
Kerze brennt ruhig und langsam ... ... Und dein Blick dreht sich langsam nach innen ... ... Du kommst zur Ruhe und wenn du willst, kannst
du mit diesem Bild der Kerze spielen ... ... Du kannst sie ganz ruhig
brennen lassen ... ... Du kannst dir aber auch vorstellen, wie die Flamme der Kerze sich durch deinen Atem hin und her bewegt ... ... Immer
wenn du ausatmest, kannst du sehen, wie die Flamme sich bewegt ...
... bei jedem Atemzug ... ... Sie brennt weiter und weiter ... ... Sie bewegt sich hin und her ... ... immer wenn du ausatmest ... ... Und langsam wird die Flamme kleiner und kleiner ... ... Und du sinkst dabei
tiefer in die schöne Entspannung ... ... Du stellst dich innerlich darauf
ein, eine wunderschöne Reise in ein weit entferntes Land zu machen ...
... ein Land, in dem alles möglich ist ... ... das Land der Veränderung
und Heilung ... ... das Land deiner Träume ... ...

Kreativer Teil im Land der Träume

... ... Du gehst in das Land der Träume ... ... Du bist heute hier, um etwas über deine Angst zu lernen. Vor allem kannst du lernen, oder zunächst mal entdecken, woher deine Angst eigentlich kommt ... ... Vielleicht hast du ja auch eine Vorstellung, wie sie entstanden ist ... ... Vielleicht gibt es ein besonderes Ereignis, das du für deine Angst verantwortlich machst ... ... Meistens ist es jedoch so, dass Ängste nicht einfach aufgrund eines besonderen Ereignisses entstehen ... ... Viele Ereignisse in unserem Leben tragen dazu bei, dass wir bestimmte Schwierigkeiten ... ... und dazu gehört auch deine Angst ... ... im Laufe der Zeit entwickeln ... ...

... ... Du findest einen Weg, der quer durch das Land der Träume führt. Am Wegesrand steht ein Schild mit der Aufschrift: Museum deiner Angst ... ... Ein Pfeil zeigt die Richtung, die du gehen musst ... ... Du folgst also diesem Weg, um die Hintergründe und die Entstehung deiner Ängste zu finden und heute in Ruhe zu betrachten ... ... Du begibst dich auf diesem Weg immer tiefer in die Welt des Traumlandes. Von weitem siehst du schon dieses alte Haus ... ... Der Weg führt direkt auf den Eingang zu ... ... Und mitten auf dem Weg wartet ein freundlicher Helfer auf dich ... ... Er begleitete dich bis zu dem Haus ... ... Vielleicht ist es ein Mensch, den du kennst, der dir schon oft geholfen hat ... ... Vielleicht aber ist es auch ein neuer Freund, dem du heute erst jetzt begegnest ... ...

... ... Das alte Haus kommt immer näher. Du kannst das große Schild über der Eingangstür schon lesen ... ... Museum deiner Angst ... ... Du kommst immer näher. Du weißt, dass du dich heute noch einmal mit all deinen Ängsten beschäftigen willst ... ... Du weißt natürlich auch, wie die Angst sich anfühlen kann. In der Vergangenheit hast du das ja oft erlebt ... ... Immer wieder diese Angst gespürt ... ... Du machst dir gleichzeitig klar, dass du im Land der Träume immer Ruhe findest. Auch dein Helfer ist vollkommen ruhig und gelassen ... ... Wenn du jetzt einmal daran denkst, wie deine Ängste sich angefühlt haben, dann merkst du auch, dass du dich jetzt auf jeden Fall besser fühlst ... ... Jetzt, in diesem Zustand der Entspannung ... ... in dieser Ruhe ... ... kannst du über die Angst nachdenken, so als könntest du Überschriften dafür finden. Dennoch fühlt es sich anders an. Gelassener, ruhiger, besser ... ... Du kannst es ausprobieren ... ... Denke an die Angst und spüre, wie einfach das hier ist ... ... So kannst du dann gleich auch das Haus betreten, die Zusammenhänge deiner Ängste wie in einer Ausstellung betrachten, und dennoch ruhig und gelassen bleiben ... ...

... ... Du stehst vor dem Haus. Dein Helfer macht es sich gemütlich. Er legt sich bequem hin, um sich auszuruhen. Und in aller Ruhe und Entspannung wartet er hier auf dich ... ... Du öffnest die große dunkle Tür dieses Hauses. Und zu deinem Erstaunen lässt sie sich ganz leicht öffnen ... ... Du gehst hinein. Du stehst in einer Eingangshalle und findest einen langen Flur, der zu den Ausstellungsräumen dieses Museums führt ... ...

... ... Schritt für Schritt gehst du tiefer in das Innere des Hauses ... ... Du kommst zu einer Tür, an der ein Schild hängt. Darauf steht: Raum der vergangenen Personen ... ... Du öffnest die Tür und gehst in diesen Raum. Dort angekommen, merkst du, dass dieser Raum viele Türen hat ... ... Eine nach der anderen öffnet sich, und ganz viele Menschen kommen zu dir in diesen Raum ... ... alle Menschen, die einen Beitrag dazu geleistet haben, dass dir diese Angst gewachsen ist, kommen nun zu dir in diesen Raum der vergangenen Personen ... ... Du schaust dir an, wer diese Menschen sind ... ... Vielleicht hast du mit einigen von ihnen gerechnet, weil du bereits wusstest, dass deine Auseinandersetzung mit ihnen ... ... oder aber euer gemeinsamer Weg etwas dazu beigetragen hat, dass diese Angst in dir einst gewachsen ist ... ... Andere überraschen dich vielleicht, weil dir bisher nicht klar geworden war, dass auch die Beziehungen zu ihnen einen Teil der Angst gestaltet haben ... ... vielleicht manchmal vergrößert haben ... ... oder aber am Laufen gehalten haben ... ... Du lässt sie also alle hereinkommen und machst dir klar, dass du einst gelernt hast, das Gefühl der Angst zu entwickeln und daran festzuhalten ... ... Gleichzeitig denkst du darüber nach, wie du die Situation nutzen könntest, um nun zu lernen, deine Angst loszulassen und freier zu sein ... ...

... ... Heute kannst du etwas Neues tun ... ... Du kannst heute von diesen Menschen lernen, wie es eben geht, dich frei zu fühlen ... ... Wenn du auch einst etwas anderes gelernt hattest, so bietet sich dir heute die Möglichkeit, das Beste von ihnen zu lernen, dass sie dir geben können: Mut und Freiheit ... ... Dann entdeckst du, dass überall auf dem Boden kleine bunte Schachteln stehen ... ... Sie sehen aus wie Geschenke. Und jede dieser Personen, in die nun zu dir gekommen ist, um dir zu zeigen, dass du dich von deiner Angst befreien kannst ... ... jede einzelne stellt sich vor ein solches Geschenk ... ...

... ...Plötzlich kommt die Person aus seinem Leben zu dir, die dir bisher am meisten helfen konnte im Umgang mit deinen Ängsten ... ... Diese Person, ob sie nun ein Ratgeber war oder ein Vorbild oder etwas anderes, kommt in deinem Museum nun zu dir, um dir auch nun Hilfe zu geben ... ... Dieser Mensch sagt: Sieh dir die Schachteln an, die hier liegen wie Geschenke ... ... Jede gehört zu einer Person, so wie sie vor den Geschenken stehen ... ... In jeder Schachtel befindet sich genau das, was du einst von dieser Person oder im Kontakt mit ihr gelernt hast ... ... All das, was beigetragen hat zu deiner Angst ... ... Manche dieser Personen spielen vielleicht auch heute noch eine große Rolle in deinem Leben, andere sind vielleicht daraus bereits verschwunden, wieder andere leben möglicherweise schon nicht mehr auf der Erde ... ... Doch alle, die sich mit dir nun in diesem Raum befinden, sind hier und heute nur eine Spur der Vergangenheit. Sie sind hier, um das abzuholen, was du einst erhalten hast. Sie sind hier, um den Anteil deiner Angst mitzunehmen, den du im Kontakt mit ihnen aufgebaut hast ... ...

... ... Du blickst in die Runde. Du schaust in ihre Gesichter ... ... Viele von ihnen kennst du, und bei einigen wusstest du bereits, dass ihre Anwesenheit in deinem Leben mit der Entstehung einer Angst zu tun hatte ... ... Bei anderen wusstest du es nicht, vielleicht wird es erst in diesem Moment klar, wenn du in ihre Gesichter blickst ... ... Wieder andere haben gar kein Gesicht, sie stehen einfach da, und du kannst nicht erkennen, wer sie sind ... ... Auch das hat es in deinem Leben gegeben. Du bist Menschen begegnet, hast vielleicht eine gemeinsame Zeit mit ihnen verbracht, möglicherweise sogar sehr lange. Und dennoch ist es dir nicht aufgefallen, früher nicht und nicht einmal heute, dass euer gemeinsamer Weg etwas zu deiner Angst beigetragen hat ... ... Du lässt sie also einfach hier sein, alle die du erkennen oder auch nicht erkennen kannst. Ganz von selbst haben alle ihren Anteil gefunden und stellen sich vor ihn. Dieser Anteil steht freundlich verpackt wie ein Geschenk zu ihren Füßen ... ...

... ... Du gehst also zu jedem einzelnen hin, um ihm wieder zu geben, was zu ihm gehört. Du hebst einfach die Schachtel auf, und übergibst sie mit beiden Händen der jeweiligen Person ... ... Bei einigen möchtest du dich vielleicht sogar bedanken für die gemeinsame Zeit, weil du bemerkst, dass sie auch etwas Positives hatte ... ... Bei anderen empfindest du vielleicht ein unangenehmes Gefühl oder sogar Angst ... ... Wenn du willst, übergibst du ihnen ihr Geschenk schweigend oder aber du findest die Worte, die in diesem Augenblick zu deinen Gefühlen passen, was auch immer du dann sagen möchtest ... ... So gehst du nacheinander zu jedem Einzelnen. Und jedem Einzelnen übergibst du seinen Anteil bis jeder eine Schachtel in den Händen hält ... ... Lass dir Zeit und gib alles zurück, was du einst bekommen hast, um dich jetzt von der Angst zu befreien ... ...

... ... Und nun verabschiedest du dich von ihnen und damit auch von allem, was der Vergangenheit angehört ... ...

... ... ganz gleich, welche Rolle die eine oder andere Person in deinem Leben spielt und wann du sie wieder sehen wirst in deiner wachen Wirklichkeit ... ... du verabschiedest dich von all den vergangenen Gefühlen und Stimmungen ... ... Du verabschiedest dich von jeder vergangenen Auseinandersetzung ... ... Du verabschiedest dich von jeder ungeklärten Frage ... ... Du verabschiedest dich von der Vergangenheit ... ... Und alle drehen sich um und gehen durch die Türen, durch die sie gekommen sind ... ...

... ... Jede Person nimmt ihren Anteil mit und geht dorthin, wo sie hergekommen ist ... ... in die Vergangenheit ... ... Der Raum, in dem Du dich befindest, ist nun vollkommen leer ... ... Nur du bist hier und dein besonderer Helfer des Museums ... ... Er sagte zu dir: Nun geh zurück in deine Zeit ... ... in die Gegenwart ... ... So gehst du zurück zur Eingangshalle. Du begibst dich zur Ausgangstür. Ein goldenes Schild hängt an der Tür, auf dem steht: Angekommenen im Hier und Jetzt ... ...

... ... Du öffnest die Türe und gehst hindurch in die Freiheit ... ... Dein zweiter freundlicher Helfer hat hier draußen auf dich gewartet und begleitet dich auf deinem Rückweg ... ... Und mit jedem Schritt kommst du deutlicher im Hier und Jetzt an ... ... in der Gegenwart des Augenblicks ... ... Schritt für Schritt, in deiner Geschwindigkeit ... ... in deinem Tempo ... ... kommst du in der Gegenwart an ... ... Du lässt deine Gedanken hin und her gehen und kommst in der Gegenwart des Augenblicks an ... ...

Ausleitung

Wir sind fast am Ende angekommen ... ... Es ist daher Zeit, nun langsam wieder hierher zurückzukehren ... ... in deiner Geschwindigkeit, in deinem Tempo wieder wach zu werden ... ... Mit jedem Atemzug wirst du wacher und wacher ... ... Du atmest ein und dein Puls beschleunigt sich ... ... Das hilft dir, wach zu werden ... ... Du atmest ein und dein Kreislauf bleibt stabil ... ... Du spürst, dass es dir gut geht ...

... Du atmest ein und Leben kehrt in deinen Körper zurück ... ... Du atmest ein und möchtest dich bewegen ... ... Du atmest ein und deine Gedanken werden klarer ... ... Du atmest ein und wirst wacher ... ... Du atmest ein und kommst näher und näher ... ... Du atmest ein und hörst mich deutlicher ... ... Du atmest ein und öffnest die Augen ... ...

Hypnose 10

Der Arm der Wahrheit

*Die folgende Anwendung kann ohne Tranceeinleitung gemacht werden und wirkt daher umso nachdrücklicher. Es wird eine Armkatalepsie (Unbeweglichkeit des ausgestreckten Armes) eingerichtet, die einen paradoxen Angstgedanken symbolisiert. Die Umkehrung der Katalepsie steht als Symbol für die Befreiung von eingefahrenen Gedanken. Natürlich kann das Ganze auch nach einer ausführlichen Tranceeinleitung gemacht werden, doch empfehle ich, gerade darauf zu verzichten, weil die funktionierende Katalepsie ohne (vorbereitete) Hypnose mehr Eindruck hinterlässt. Geübte Hypnotiseure wissen: Katalepsie funktioniert auch **ohne** Hypnose, doch wenn es funktioniert **ist** es Hypnose!*

Den folgenden Text können sie wahrscheinlich nicht so einfach vorlesen, wie alle anderen. Ich möchte sie trotzdem ermuntern, diese Variante einmal auszuprobieren. Es kommt nicht auf Formulierungen an, sondern auf die Vorgehensweise. Sie müssen also nicht jedes Wort auswendig lernen.

Ich möchte dir einmal zeigen, dass deine Angst zum großen Teil ein eingefahrener Glaubenssatz ist. Ein Glaubenssatz, den du loslassen kannst, um damit dann deine Angst loszulassen. Meistens ist es so, dass Ängste eine zeitlang einen Sinn haben. Auch du hast die Angst einmal gebraucht. Als Warnsignal, als Zeichen, dass tiefe Gefühle in dir gesehen werden sollen. Jetzt ist es an der Zeit, diese Angst loszulassen. Du brauchst sie nicht mehr. Du beschäftigst dich ja mit dir selbst, versuchst dich immer weiter zu klären und vieles zu verändern. Die Angst hat ausgedient. Du aber glaubst, dass sie nicht so einfach weggehen kann. Ich behaupte nun, dass sie vor allem geblieben ist, weil du dir nicht richtig vorstellen kannst, dass sie verschwinden kann. Wahrscheinlich kannst du dir auch nicht vorstellen, dass du deinen Arm nicht mehr bewegen könntest, weil du dir plötzlich einbildest, dass es nicht mehr geht. Das glaubst du wahrscheinlich nicht. Also gut. Ich möchte dir etwas zeigen, was dir dein eigenes Denken demonstrieren kann. Das Denken tief in dir drin. Das unbewusste Denken. Doch auch das kannst du beeinflussen. Ich helfe dir dabei.

Katalepsie

Streck jetzt einmal deinen rechten Arm gerade aus (Achten sie darauf, dass der Arm durchgestreckt wird und waagerecht nach vorne gehalten wird, bei Linkshändern bitte den linken nehmen). Jetzt such dir einen Punkt auf deiner Hand und richte deinen Blick darauf, zum Beispiel einen Knöchel. Bleib auf diesem Punkt. Nun stell dir einmal vor, dass dieser Arm immer länger wird. Er streckt sich immer länger. Schau auf deinen Knöchel. Der Arm wird zwei Meter lang, drei Meter lang. Immer länger. Stell es dir vor. Dein Arm wird fünf Meter lang, zehn Meter lang. Immer länger. Er wird sogar hundert Meter lang. Dabei wird er immer fester und stabiler. Je länger er wird, umso fester wird dein Arm. Dein Arm wird zweihundert Meter lang. Einen Kilometer. Schau auf den Knöchel. Dein Arm streckt sich, wird immer länger, zehn Kilometer lang ist dein Arm. Er bohrt sich durch die Stadt. Und jetzt stell dir einmal vor, dass dein Arm immer fester wird, je länger er wird und lass ihn noch länger werden. Stell dir vor, dass jeder Versuch, deinen Arm zu bewegen, dazu führt, dass er noch einen Kilometer länger wird. Und fester. Sobald du versuchen würdest, deinen Oberarm nach unten zu drücken, wird dein Arm noch länger und fester. Du versuchst jetzt einmal, deinen Oberarm nach unten zu drücken und dein Arm streckt sich. Noch einmal. Versuch, deinen Oberarm nach unten zu drücken und dein Arm streckt sich. Versuch es noch einmal und dein Arm wird noch länger und fester. Versuch es noch einmal. Dein Arm bleibt fest.

Diese einfache Übung können sie auch als Suggestibilitätstest machen. Sie funktioniert sehr gut und ist wirklich ohne vorherige Tranceeinleitung in kurzer Zeit machbar. es dauert nicht länger als ein oder zwei Minuten, bis der Arm auf die Aufforderung, nach unten gedrückt zu werden, gerade und fest bleibt. Einfache aber wirksame Suggestion!

Es geht nicht mehr. Du kannst nicht beides gleichzeitig machen. Bewegen und fester werden geht nicht. Dein Glaube, dass dein Arm immer länger und fester wird, hält ihn waagerecht. Wenn ich dir nun sage, dass das nicht stimmt. dass du nur zwei unvereinbare Dinge miteinander verbunden hast, kannst du dir einfach einmal vorstellen, dass dein Arm beim nächsten Versuch, ihn zu bewegen sofort ganz kurz und beweglich wird. Dein Arm ist beweglich. Du musst es nur wissen. Dein Arm ist vollkommen beweglich. Bewege deinen Arm.

Besprechen Sie nun diese Übung mit ihrem Klienten. Erklären sie ihm, dass es sich mit seiner Angst ähnlich verhält. Er glaubt, dass sie da ist und dass sie so viel Macht hat. Dass er sie nicht beeinflussen kann. Wiederholen sie die Übung und lassen sie den Klienten selbst sprechen. Er soll den ausgestreckten Arm halten und immer wieder sagen: „Mein Arm wird länger und fester". Prüfen sie für ihn die Katalepsie, die sich auch dabei einstellen wird durch leichten Druck auf den Arm. Lassen sie ihn selbst einige Male sagen: „Wenn ich meinen Arm bewegen will, wird er noch fester". Er soll es dann versuchen. Wahrscheinlich führt es zunächst wieder zur Katalepsie, die er dann selbst auflösen soll, indem er sagt: „Ich

kann und *werde* jetzt meinen **Arm bewegen**, denn er *ist* beweg-
*lich!" Üben sie etwas mit dem Klienten, bis es ihm selbst gelingt,
eine Katalepsie bei sich einzurichten und aufzulösen.*

Liebe Leserinnen und Leser. Probieren sie diese Übung unbedingt einmal aus. Sie macht Spaß und bringt meistens einen „Aha-Effekt". Sie
zeigt, dass Glaube sehr schnell sehr deutlich wirken kann, in die eine
und dann eben auch in die andere Richtung. Probieren sie die Übung
doch einmal bei sich selbst aus. Sie werden überrascht sein, wie toll sie
auch bei ihnen in der Selbstsuggestion wirkt. Und wie schnell sie die
Wirkung auch aufheben können. Natürlich können sie die Wirkung
auch von vorneherein unterbinden. Probieren sie es aus ...

Der Autor

Ingo Michael Simon ist Heilpraktiker für Psychotherapie und Hypnosetherapeut. Mit Hilfe hypnosegestützter Psychotherapie behandelt er vor allem Menschen mit anhaltenden psychischen Leiden. Angststörungen aller Art und psychosomatische Erkrankungen bilden den Schwerpunkt seiner Praxistätigkeit. Zu seinen therapeutischen Angeboten gehören hauptsächlich klassische und moderne Hypnoseanwendungen, somato-emotionale Psychotherapie und geführte Trancereisen durch die Welt des von ihm entwickelten Traumlandes als innere Repräsentanz der Emotionen.

Ausbildungskurse

Ingo Michael Simon bietet regelmäßig Ausbildungskurse zu verschiedenen Therapieformen und Themen an. Aktuelle Informationen und Termine finden Sie auf *www.praxissimon.de.*

Buchempfehlung von I. M. Simon

Taylor Moone
Der Seelen Code
Lebe das Schöpfungsprinzip für Erkenntnis,
Erfolg und Wunscherfüllung

© Verlag Ingo Simon, St. Wendel, www.verlagis.de
Paperback, ISBN 978-3-943323-02-3

Bücher des Autors

Buchreihe: Zehn Hypnosen

Simon, I. M.: Zehn Hypnosen. Band 1: Raucherentwöhnung
Norderstedt: Books on Demand 2009. ISBN: 978-3-8391-1838-2

Simon, I. M.: Zehn Hypnosen. Band 2: Angst und Unruhezustände
Norderstedt: Books on Demand 2009. ISBN: 978-3-8391-0659-4

Simon, I. M.: Zehn Hypnosen. Band 3: Burn Out
Norderstedt: Books on Demand 2009. ISBN: 978-3-8391-0679-2

Simon, I. M.: Zehn Hypnosen. Band 4: Übergewicht reduzieren
Norderstedt: Books on Demand 2009. ISBN: 978-3-8448-0358-7

Simon, I. M.: Zehn Hypnosen. Band 5: Vergangenheitsbewältigung
Norderstedt: Books on Demand 2009. ISBN: 978-3-8448-0361-7

Buchreihe: Hypnose und Trancetherapie

Simon, I. M.: Hypnosepraxis. Ein Leitfaden der Trancearbeit;
Norderstedt: Books on Demand 2009. ISBN: 978-3-8370-7629-5

Simon, I. M.: Reframing in Trance. Perspektiven mit Hypnose
ändern, Norderstedt: Books on Demand 2009. ISBN: 978-3-8370-7639-4

Simon, I. M.: Rückführungen. Leitfaden der Reinkarnationstherapie, Norderstedt: Books on Demand 2009. ISBN: 978-3-8370-7642-4

Simon, I. M.: Selbsthypnose. Therapie ohne Therapeut
Norderstedt: Books on Demand 2010. ISBN: 978-3-8370-9068-0

Simon, I. M.: Gruppenhypnose. Eine Anleitung für die
Praxis; Norderstedt: Books on Demand 2010. ISBN: 978-3-8370-9635-4

Weitere Hypnosebücher

Simon, I. M.: Hypnosetechniken zum Nachmachen. Levitation, Katalepsie und Ideomotorik. Norderstedt: Books on Demand 2012. ISBN: 978-3-8391-8939-9

Simon, I. M.: Kreative Hypnosen. Anleitungen und Texte für die Praxis Norderstedt: Books on Demand 2012. ISBN: 978-3-8448-0308-2

Simon, I. M.: Der Hypnosebaukasten. Textbausteine und Anleitungen Norderstedt: Books on Demand 2010. ISBN: 978-3-8391-8109-6

Simon, I. M.: Grundkurs Hypnose. Norderstedt: Books on Demand 2009 ISBN: 978-3-8391-0170-4

Simon, I. M.: Suggestionen richtig formulieren. 10 Minimax-Techniken für Hypnotiseure. Norderstedt: Books on Demand 2009. ISBN 978-3-8370-9519-7

Trancegeschichten

Simon, I. M.: Das Gespenst, die Kugel und die Fee. Trancegeschichten auf der Zauberwiese. Norderstedt: Books on Demand 2012. ISBN: 978-3-8448-0363-1

Simon, I. M.: Frieden mit dem Inneren Kind. Versöhnung im Land der Träume. Norderstedt: Books on Demand 2010. ISBN: 978-3-8448-0364-8

Simon, I. M.: Wellen am Horizont. Trancegeschichten Norderstedt: Books on Demand 2009. ISBN: 978-3-8391-1394-3

Simon, I. M.: Heilsame Fantasien. Trancegeschichten Norderstedt: Books on Demand 2010. ISBN: 978-3-8391-0899-4

Heilpraktikerbücher

Simon, I. M.: Heilpraktiker für Psychotherapie. Prüfungswissen.
Zur Vorbereitung auf die Amtsarztprüfung.
Norderstedt: Books on Demand 2007. ISBN: 978-3-8334-9867-1

Simon, I. M.: Heilpraktiker für Psychotherapie. Die mündliche Prüfung.
Prüfungsfragen auf Grundlage von Protokollen.
Norderstedt: Books on Demand 2008. ISBN: 978-3-8334-9868-8

Simon, I. M.: Heilpraktiker für Psychotherapie. Die schriftliche Prüfung.
Mit kommentierten Amtsarztfragen. Norderstedt: Books on Demand 2007
ISBN: 978-3-8370-0347-5

Simon, I. M.: Heilpraktiker für Psychotherapie. 20 Fallbeispiele.
Diagnosetraining für die mündliche Prüfung.
Norderstedt: Books on Demand 2008. ISBN: 978-3-8370-1090-0

Simon, I. M.: Endlich Heilpraktiker. Die häufigsten Irrtümer in der Psychothe-
rapieprüfung. Norderstedt: Books on Demand 2007. ISBN: 978-3-8370-0329-1

Simon, I. M.: Übungsaufgaben Psychotherapie. Zur Vorbereitung auf den
kleinen Heilpraktiker. Norderstedt: Books on Demand 2007
ISBN: 978-3-8370-0683-4

Simon, I. M.: Crashtest Psychotherapie. Zur Vorbereitung auf den kleinen
Heilpraktiker. Norderstedt: Books on Demand 2007. ISBN: 978-3-8370-0709-1

Simon, I. M.: Spezialtest Psychotherapie. Für kleine und große Heilpraktiker.
Norderstedt: Books on Demand 2008. ISBN: 978-3-8370-5838-3

Simon, I. M.: Heilpraktikerprüfung Psychotherapie. 200 kommentierte
Aufgaben. Norderstedt: Books on Demand 2008. ISBN: 978-3-8370-6017-1

Simon, I. M.: Diagnosetraining Psychotherapie. Ein Arbeits- und Nachschlagebuch. Norderstedt: Books on Demand 2008. ISBN: 978-3-8370-4281-8

Simon, I. M.: Psychotherapie. Der Fragenkatalog. Fachwissen Heilkunde. Norderstedt: Books on Demand 2009. ISBN: 978-3-8370-5396-8

Heimstudium HPP in Buchform

Simon, I. M.: Heimstudium Heilpraktiker Psychotherapie. Teil I
Norderstedt: Books on Demand 2009. ISBN: 978-3-8370-7656-1

Simon, I. M.: Heimstudium Heilpraktiker Psychotherapie. Teil II
Norderstedt: Books on Demand 2009. ISBN: 978-3-8370-7657-8

Simon, I. M.: Heimstudium Heilpraktiker Psychotherapie. Teil III
Norderstedt: Books on Demand 2009. ISBN: 978-3-8370-7663-9